はじめに

はじめまして。久保田優子と申します。

この本を手にとってくださってありがとうございます。

私は現在、セミナーや講演会、イベントの企画運営・プロデュースなどを手掛ける「株式会社 やまと」の代表取締役を務めています。

この会社を設立したのは2012年のこと。今でこそ1億円を超える売り上げを出せるまでに成長しましたが、ここに至るまで、決して順風満帆な日々ではありませんでした。


会社設立後、初めて開催したセミナーは、まさかの離婚調停日の翌日でした。別れた夫が預貯金すべてを管理していたため、クレジットカードも携帯電話も止められ、家財道具もすべて失い、文字どおり〝裸一貫〟のまま、記念すべき初仕事に臨んだのです。

お恥ずかしい話、調停を済ませたその足でセミナー会場入りしたとき、私の全財産はわずか38円しかありませんでした。38万円ではありません。〝38円〟です。

お客様の前だからと笑顔で話をしながらも、心のなかでは「2歳の息子を抱えて、これからどう生きていけばいいのだろう」と青ざめていたのです。

息子を寝かしつけては、ひとり不安で押しつぶされそうな夜を過ごす日々が続きました。でも、だからといって立ち止まっている暇はありません。とにかくビジネスを軌道に乗せるしかない。私が進むべき道はそれだけでした。

とはいえ、どこを見回しても財産と呼べるものは何もありません。始めたばかりの会社も、まだ自転車操業で赤字状態です。でも、幸いにして私にはひとつだけ、前に進むための〝武器〟がありました。

それが「マーケティング」です。

本書のなかでも書きましたが、20代の頃、日本一のマーケターとして名高い神田昌典さんから直接、ご指導を受けられるという幸運に恵まれた私は、そこでマーケティングの基本スキルを叩き込まれました。そして、「商品やサービスを売ることで、お客様を幸せにする」というマーケティングのおもしろさを、素晴らしさを学んだのです。

私が考えるマーケティングとは、「こちらから売り込まなくても、自然に売れる仕組み」をつくることです。

お客様のほうから「あなたの商品を買いたい」と言っていただくこと。
一度買ってくれたお客様に「次もまた買いたい」と思っていただくこと。
つまりは、お客様の気持ちを「買いたい」に導くこと。
お客様の「心を動かす」こと。

それがマーケティングの本質だと私は考えています。

ただ、人の心は理屈や論理だけでは動きません。心のなかに信頼感や親近感といった感情が芽生えて初めて動いてくれます。

机上の計算やデータを並べたスペックに頼ったアプローチだけでは、なかなか「買いたい」とは思ってもらえないでしょう。
商品やサービスを売る側が決して忘れてはいけないのは、お客様が「感情を持つ生身の人間」だということ。人を相手に売る。人に買ってもらう。だからこそ、そのマーケティングには人としての「思いやり」が不可欠なのです。

そんな思いから私は、自分がこれまで貫いてきたマーケティングの姿勢を「思いやりマーケティング®」と名づけました。お客様に共感し、お客様の心に寄り添うことから始まる「思いやりマーケティング」を実践していけば、

売り込まなくても、お客様が積極的に買ってくれる。
お客様とのつながりが格段に強くなる。
リピーターが増えて事業が安定する。
お客様の喜びが、そのまま「自分の喜び」になる。

——こんな未来が手に入るはずです。

本書では、私が実践してきた思いやりマーケティングについて、その考え方から技術的なこと、さらには私自身のマーケティング人生の歩みまでをまとめました。

離婚が決まった翌日に、貯金総額38円で始まった小さな会社を、年商1億円超えの業績が出せるまでに成長させる原動力となった、人に寄り添うマーケティングの極意。

みなさんのお仕事に、ほんの少しでも役に立てていただけたら幸いです。

CONTENTS

CONTENTS

第5章 価値が伝わる「思いやりライティング」

CONTENTS

第1章

思いやりマーケティングの原点

「人を喜ばせることの喜び」への目覚め

お客様を喜ばせたい。笑顔にしたい。
喜んでもらえれば、笑顔になってもらえれば、
きっとまた来てくれる。また買ってくれる。
また買ってくれれば、売り上げも、収益も上がる。
お客様に喜んでもらえれば、売る側も買う側も、どちらも幸せになれる――。

ビジネスとは「お客様との間に喜びと笑顔の好循環を生み出す」ことだと、私は考えています。そしてそれは、決して揺るがない私の信念でもあります。

私がその信念の原点でもある「人を喜ばせたい」という気持ちに目覚めたのは、まだ小学生の頃のことでした。

私の出身は大阪府の堺市です。父は会社員で母は専業主婦、市内の団地に暮らす、ごく平凡な家庭で育ちました。近所に大好きな祖父母が住んでいて、週末になるといつも遊びに行ったことを覚えています。

その祖母が、警察官だった祖父を支え、家計の足しになるように、大阪で小さな駄菓子屋を営んでいました。当時の私はまだ小学生でしたが、祖母の駄菓子屋でよくお手伝いをしたものです。祖母は歌舞伎が好きでときどき観劇に出かけることがあり、そうしたときには〝店番〟を任されることもよくありました。そして、私はその時間が大好きでした。

駄菓子屋ですからやってくるのは子どもたちばかり。小学4年生の私が、自分と同世代やもっと年下の子どもたちを相手に〝商売〟をしていたわけです。子どものお小遣いで買える駄菓子は、商品単価などたかが知れたもの。とはいえ、たとえ10円、20円の買い物であっても、そこにはちゃんと売り手がいて、買い手がいます。子どもと子どものやり取りではありますが、そこでは「お店でお客様に商品を買っていただく」という、れっきとしたビジネスが行われていました。

その意味で祖母の駄菓子屋の店番は、私にとって人生でいちばん最初のビジネス体験だったのです。そして、そのときの私はすでに、「お客様が自分のお店で買い物をして喜んでくれること」を何よりもうれしく思っていました。

当時の私は、小学生なりに「店に来てくれる子どもたちを喜ばせるにはどうすればいいか」「何度も通ってもらうにはどうすればいいか」をいつも真剣に考えていました。

例えば何個も買ってくれた子にはオマケをつけるとか、いつも買いに来てくれる〝常連さん〟には手づくりの塗り絵やお菓子をプレゼントするとか。

すると子どもたちはみんな喜んで、「また来るね」とリピーターになってくれるんです。さらに「あのお姉ちゃんのお店はオマケしてくれるよ」「あの店で買うほうがいいよ」と、ほかのお友だちに声をかけてくれる子もいました。

またあるとき、「ほしかったのに売り切れだった」と肩を落として帰っていく子を目にしてからは、人気の商品ほど在庫に注意するようにしました。

せっかく買いに来てくれる子をがっかりさせたくない。「あのお姉ちゃんの店なら絶対に売ってる」と思ってほしい——だから、商品の数をちゃんとチェックして、「おばあちゃん、○○は必ず仕入れておいて」と、絶対に品切れにしないように心がけたのです。

- **「これとこれください、なんぼですか？」**
- **「30円やね。それと、はい、これオマケあげる」**
- **「え、ほんま？　ありがとう！」**
- **「いつもありがとう！」**
- **「うん。また来るね！」**

そんなふうに、自分なりにできることを考えてやってみたら、みんな喜んでくれて、お店に何度も通ってくれて、新しい友だちまで連れてきてくれた。お客さんが増えて売り上げが上がったら、祖母も喜んで笑顔になってくれた。みんなが喜んで笑顔になってくれたことで、私もうれしくなった。「いろいろ考えてやってみてよかった」とやりがいも感じることができた――。

駄菓子屋の店番という体験をしたことで、私は小学生ながらに「人を喜ばせることの喜び」や「売る側も買う側も、どちらもハッピーになることが大事」というビジネスの本質に目覚めていたのです。

亡き祖父に誓った「誠実なビジネス」

人を喜ばせたい。笑顔にしたい。私が目覚めた思いにはもうひとつの側面があります。それは、「人をがっかりさせたくない。悲しませたくない」という強い〝願い〟です。

駄菓子屋を営んでいた祖母と長年連れ添った祖父が亡くなったのは、私が12歳、小学6年生のときです。

警察官として実直に生きた祖父は、私にとっていちばん身近にいる〝正義の味方〟であり、かっこいいヒーローでした。マル暴（暴力団）担当だったこともあって、風貌は〝その筋の人〟も目を伏せて避けて歩くほどイカツクてコワモテ。「曲がったことや間違ったことは許さない」というとても厳しい人でしたが、ひとたび仕事を離れれば、心が広くてとてもやさしいおじいちゃんだったのです。

私はそんな祖父が大好きで憧れの存在でもあったのですが、その晩年は決して恵まれたものではありませんでした。

祖父は警察を引退後、コツコツと貯めたお金で一軒家を購入しました。ところが、祖母と二人で「さあ入居」というときに、伯父が闇金で借りたお金のカタとして、その家を没収されてしまったのです。

伯父も決して悪人ではないのですが、博打をするために闇金に手を出したまま支払い責任を果たさず、結果として正義感が強かった祖父が、連帯保証人としてその責任を負う形になったそうです。

ようやく手に入れた〝終《つい》の棲家〟を入居すらしないうちに失ってしまった――。そのことにショックを受けた祖父はまもなく病に臥せり、失意のままに亡くなったのです。

実直で誠実に生きてきた祖父が、私が尊敬する正義の味方だった祖父が、どうしてこんなつらい目に遭わなければいけなかったのか。深い悲しみのなか、私の心には、「正直者がバカを見るのは間違っている。真面目に生きている人が報われなければおかしい」という思いが強く、大きく湧き上がってきました。

そして、**「正直者がバカを見ない世の中をつくりたい」**——そう胸に刻んだのです。

その決意は、今もずっと胸の中で強く息づいています。社会に出て仕事をするようになってからも、私が常に心がけているのは**「誠実であること」**です。

嘘を言ってお客様をだます。粗悪な商品を「いい」と偽って売り逃げする。お客様の足元を見て暴利を得る。責任を取らずに逃げる。悲しいかな、そうした悪質なビジネスが後を絶たない世の中です。

その一方で、堅実なビジネスの姿勢を貫き、お客様に喜びを届けたいという思いを持ち続けて、良質な商品づくりに力を注いでいる〝真っ当〟で誠実な経営者も大勢いらっしゃいます。

お客様を欺き、食い物にして自分たちの欲望だけを満たそうとするビジネスが幅を利かせるような世の中であってはいけない。お客様のためという誠実な思いを持って向き合うビジネスが報われて成功し、日の目を見る世の中であってほしい。

だからこそ、私自身も誠実な仕事や生き方を貫き通したいし、正直なビジネスを続けながらマーケティングや集客に悩んでいる人たちの力になりたい。そう思っています。

それは、失意のままに亡くなった祖父に誓った〝約束〟でもあるのです。

「働く人を笑顔にする仕事」に憧れて

亡き祖父に誓った「誠実な仕事をしたい。誠実に働く人たちの力になりたい」という決意がより具体的な形になったのは、高校生になってからです。

当時、「潰れそうなお店を経営のプロが立て直す」というテレビ番組があって、よく見ていました。客足が伸びず、売り上げが激減して経営が立ちゆかなくなった店に経営コンサルタントが現れ、マーケティングや集客、商品づくりから接客までを厳しく指導して店を再生するという内容です。

さまざまな業種が取り上げられていましたが、なかでも印象に残ったのが、「明日にも店が潰れる」という〝瀕死〟の状態だったパン屋さんが、コンサルタントのアドバイスを忠実に実践して息を吹き返し、行列ができる人気店へと生まれ変わった回でした。

コンサルタントの厳しい指導で客足が戻って売り上げが伸びてくると、ずっと沈みがちだった店主の表情が自信にあふれ、働く動作ひとつひとつにも活気がみなぎってきます。

そして最終的には店主も笑顔、おいしいパンを買えたお客様も笑顔、その光景を見つめるコンサルタントも笑顔になっている。それを見た私は、「困っている店の再生をサポートするのって、やりがいのある素敵な仕事だな」と思うようになっていったのです。

私は現在、講演やセミナーの運営・プロデュースという本業以外に、集客などに悩む経営者を対象にしたマーケティング講座やコンサルティングの仕事もしていますます。そうした仕事の依頼をお受けしているのは、どのような形でも「働く人をサポートし、笑顔にできる仕事」に関わりたいという思いがあるからです。

ただ、当時高校生だった私は、その番組でパン屋さんを立て直したコンサルタントの方が持っていた「公認会計士」の資格に興味を持ちました。というより、「公認会計士の資格がなければ経営コンサルタントになれない」と思ってしまったのです。実際にはそんなことはないのですが、そのときの私はそう思い込んでいました。

そこで経営コンサルタントを目指すために、まずは公認会計士の資格を取得しなくてはいけないと考えたのです。

崖っぷちの会計専門学校を救え！

私が初めてマーケティングによる本格的な「成功体験」を得たのは、大学卒業後に働いていたある専門学校でのことです。

前項にも書いたように、思い込みによって公認会計士を目指すことにした私は、高校を出て明治大学短期大学経済科に進学。短大を卒業した後も小さな会計専門学校に通って、さらに勉強を続けていました。

ただ専門学校に入るときに、父親から「1年目の学費は出すけれど、その先は自分で何とかしなさい」と言われていたので、2年目からはその学校で事務仕事のアルバイトとして働きながら勉強する、という形にしてもらったのです。

ちなみにその専門学校には6年間在籍したのですが、結局、公認会計士にはなれず、取得できたのは簿記2級の資格だけでした。

そして通い始めてから6年目となる2003年のある日、その会計専門学校が倒産の危機に立たされていることを知らされたのです。

公認会計士でもあるオーナー社長（学長）は2000万円もの借金を背負って返済もままならず、テナントの保証金300万円も使い果たして完全に〝すっからかん〟状態。

しかも、「翌月の賃貸ビルの家賃60万円が払えなければ、学校を畳むしかない」という本当にギリギリの切羽詰まった状態にまで追い込まれていました。

さらに悪いことに、倒産危機の事実が発覚したのは2月で、6月に行われる公認会計士の資格試験まで4か月しかない。学校に通う生徒さんたちにとっていちばん大事な時期だったのです。

それは働きながら勉強していた私にとっても同じこと。崖っぷちの状態だと知らされたときは、「せっかく頑張ってきたのに、今ここで学校がなくなると困る。来月までに60万円何とかならないの？」と、心の底からそう思いました。

でも社長は「もうこれ以上の借り入れはできないから無理」とあきらめモードです。じゃあ、私たちはどうなるの？　このまま学校がなくなるのを待つだけ？　そんなことを考えていた次の瞬間でした。なぜか私はこう思ったんです。

だったらその60万円、私が稼いでやる――と。

今思えば亡き祖父から学んだ「正義感」だったのかもしれません。私も困る。何より今通っている受験を直前に控えた生徒さんたちが困ってしまう。

ならば、根拠も自信もないけれど、「社長がやらないなら、私がやらなきゃ」

「私がやらなきゃ誰がやるんだ」――ただただ、そんな思いに駆られてのことだったのです。

師匠・神田昌典氏との出会い

「来月までに60万円稼ぐ」と心に決めたのはいいけれど、さてどうしたものやら――。

専門学校の売り上げは「生徒さん（お客様）を集めること」にかかっているという認識はありましたが、実際に何をどうすれば集客できるのかなどはまったくわかりません。「わからないなら勉強するしかない」と思い立った私は、すぐさま近くの書店に駆け込みました。

売り上げを上げるための方法が書いてある本はないか――そんな思いでビジネス書のコーナーを見て回っていた私の目に、ある1冊の本の表紙が飛び込んできました。何より目を引いたのは色。本の表紙が、当時のビジネス書には珍しいピンク色だったんです。

「あ、ピンクだ。かわいい！」「これなら私でも読めるかも」と表紙のカラーに惹かれて手に取ったのが、カリスマ経営コンサルタント・神田昌典さんの著書でした。

どれも難しそうで、私が読めるような本なんてあるかな。そんな不安を吹き飛ばす明るいピンクの本のタイトルは『あなたの会社が90日で儲かる！』――大げさでなく、運命の巡り合わせだと思いました。私が探していたのはこの本なんだ、と。

「90日」というのが引っかかりましたが、元来が単純な性格の私は「これに書いてあることを3倍速でやれば、1か月で儲かる！」と考えたのです。

迷うことなくその本を購入するとすぐさま家に帰り、必死になってその日のうちに最後まで読み切りました。気になるところに赤ペンで線を引いていたから、気がつけばどのページも真っ赤。集客の仕方、商品PRの仕方、セールスレターの書き方――どこを読んでも腑に落ちて、共感できることばかりが書かれていたんです。

なかでもいちばん感銘を受けたのが「エモーショナル・マーケティング（感情マーケティング）」という考え方です。「人は感情で動いている。顧客の感情を理解できなければどんなに良質な商品でも売れない」――まさに〝目からウロコ〟でした。

そしてこの考え方との出会いが、私にとって「相手を思いやるマーケティング」の大切さへの気づきと目覚めでもあったのだと思っています。

マーケティングってすごい――最初の成功体験

その日のうちに1冊を読み切った私は、とにかくそこに書いてあることを実践に移すことにしました。

例えば、競合大手校の真似をしていた募集チラシはすべてつくり替えました。カッコよさを意識したデザインをやめ、読む人の感情に刺さる言葉を選んだセールスコピーに書き換えたり、競合と差別化するために、チラシにちょっとしたオマケ（このときはお手製のお守りでした）をつけたり。チラシだけでなく、ホームページの体裁も掲載されている文言も、すべてやり直したり。

さらには、入学申し込み者に郵送していた小冊子（リーフレット）はPDFファイルにしてメール送信することでコストダウンを図ったり――。

神田さんの本を参考に、忠実に、売り上げ増のために今できることすべてにチャレンジしたのです。「参考に」「忠実に」と言えば聞こえはいいのですが、神田さんの本に書かれていることをそのまま真似た、要は「パクった」に近かったと思います。すると結果はすぐに現れました。タイムリミットの1か月後を待たず、約2週間でとりあえずの目先の目標である60万円の売り上げを達成することができたのです。


そもそもその専門学校は、小規模だけれど講師や教材のクオリティは決して低くありませんでした。問題はアピールの仕方だったわけです。つまり、商品はいいけれど、お客様の感情に刺さるマーケティングができないから売れなかったということ。だから、マーケティング手法を変えることで、本来の結果がちゃんとついてきたのです。

そして、初月の60万円で当面の倒産危機を回避できた翌月、売り上げはさらに増えて200万円になりました。そこからは右肩上がりで伸びていき、半年後にはなんと月商2000万円を達成。会社が抱えていた借金もすべて返済することができたのです。

「マーケティングって、なんてすごいんだろう!」――当時の私の、偽らざる思いでした。ちなみにその会計専門学校は今も健在で、事業を継続しています。

来月までに60万円用意できなければ倒産するほどに経営が傾いていた企業が、マーケティングのアプローチを変えただけで、わずか半年後には完全復活し、それまで以上の業績を上げるようになった――。

高校生の頃にテレビで見た「潰れそうなお店の立て直し番組」と同じような光景を、実際に目の当たりにしたこと。しかもその中心に自分がいて、「マーケティングの素晴らしさ」を、身をもって実感できたこと。小さな専門学校の倒産危機騒動に関わって得たこれらの成功体験によって、私のマーケティング人生は本格的にスタートすることになったのです。

一人前のマーケターへの道

「書いてはボツ」の日々が鍛えたコピーライティング

神田昌典さんの本にあったマーケティング手法で会計専門学校の経営を立て直した経験は、私の大きな自信になりました。そして、マーケティングの素晴らしさやおもしろさに目覚め、前にも増して「経営コンサルタントになりたい」という思いを強くしたのです。

ただ、公認会計士の資格取得はあきらめることにしました。前述したように、私はその専門学校で6年近く勉強していたのですが、なかなか資格試験に合格することができず、短大だけではなく、専門学校の学費も出してくれた両親に申し訳ないという気持ちもありました。

さらには倒産危機の騒動を経て、公認会計士になるよりも、マーケティングを身につけて経営コンサルタントになるほうが自分には向いているという思いもあったのです。

そして「マーケティングを学ぶなら、やはり神田昌典さんの教えを受けたい」

と考えたのは、ごく自然な成り行きでした。

当初は神田さんが主催されている「実践会」という勉強会に参加するなどしていたのですが、あるとき「神田さんが経営する株式会社アルマック（現・株式会社アルマ・クリエイション）で、アシスタントスタッフを募集している」という情報を知ったのです。

すぐに応募したところ、幸運にも採用が決定。そのときの条件が「個人事業主であること」だったため、会計専門学校でのアルバイトも勉強も辞めて、心機一転、神田さんのもとでマーケティング業務に携わることになったのです。2004年のことでした。

最初の半年間はマーケティング・アシスタントとしての〝修行〟期間のようなもの。ここでは徹底的にコピーライティングの技術を叩き込まれました。

例えば、週に1回開かれる「この商品をどう売るか」という社内会議では、事前に対象となる商品（神田さんの講座教材など）のセールスコピーを書いて提出しなさいといった〝宿題〟が出されます。

毎回、必死に知恵を絞って書いていくのですが、これが気持ちいいくらいに全部「ボツ」になるわけです。

- 「つかみが弱い。はい書き直し」
- 「ここはどうしてこういう文章になったの？」
- 「この言葉は、こう変えたほうが伝わると思わない？」
- 「どうしてダメ出しされたか、理由わかる？」
- 「読む人のこと、ちゃんと考えて書いた？」
- 「もっとやさしさを向けなさい」

――ボツになるたび、やさしく厳しく指導されるのですが、神田さんに直接、マンツーマンで教えていただけること自体が、とても貴重で有益な経験だったのです。

もちろんそれ以外に、神田さんが対応しきれないメールの代筆をしたり、セールスレターの下書きをつくったり、本の執筆資料用にさまざまな文献の内容を要約したりといった〝アシスタントらしい〟仕事もあるわけです。

とにかく「書いて書いて、書きまくった」半年間でした。それは、スポーツで言えば基礎となる足腰を鍛えるトレーニングのようなもの。その鍛錬の日々があったからこそ、今、私の仕事を支えているライティング技術が身についたのだと、神田さんには今も感謝の思いしかありません。

ひとり、能力開発部門のマーケティングを任されて

神田さんのアシスタントとして半年ほど修行した私はその後、能力開発部門に異動になります。

能力開発部門はほかの部門よりも規模が大きかったため、本社から切り離されて「ラーニング・ソリューションズ株式会社」という関連会社の形で事業を行っていました。私は本社からその会社に出向し、マーケティングを担当することになったのです。

主な仕事は、神田さんが提唱している「フォトリーディング（ページを写真に撮るように読む速読術）」や「思考整理術（マインドマップ、ジーニアスコードなど）」「英語勉強法」、さらには「潜在能力を高める気功術」といった能力開発メソッドの教材販売、セミナーや講座のマーケティング業務です。

当時、能力開発部門のマーケティング担当は私ひとりだけだったため、多種多様なメソッドを抱えて、メールマガジンの配信による集客や教材販売のセールスレター作成などを一貫してこなさなければなりません。そして当然、そこには責任も発生します。

新規のお客様を獲得しつつ、既存のお客様にはリピーターになっていただく。なかでもリピーターを増やすことに、より力を注ぎました。

というのも、当時は〝速読ブーム〟で新規講座を開設すると放っておいても売れる、という状況だったからです。

ですから、新規で1回買ってくれた（一度セミナーに来てくれた）お客様をいかにしてリピーターにできるか。いかに長く応援してくれるお客様になってもらうか。そちらへの比重を大きくしたのです。

「気功」のメソッドをどう売るか

能力開発部門には2004年から2007年まで約3年間在籍することになります。その間でもっとも大変だったのは、社長から「気功術を売ろう」と提案されたときでした。

具体的には、気のパワーを使って問題を解決する――そんな感じのメソッドをつくり、気功の先生を招いてセミナーを開催。メソッドはDVDにして販売する、というもの。

ただこのときは、さすがに「大丈夫かしら」という思いが胸をよぎりました。フォトリーディングやマインドマップ、英語勉強法ならば、情報収集や思考力、コミュニケーション力などビジネススキルの向上につながる能力開発のメソッドとして認識してもらいやすいけれど、これが「気功」となると、お客様はどう思うだろう。

能力開発じゃない、なんだか怪しそうなどと思われるんじゃないか。そう思われたら新規のお客様が集まるのか。リピーターのお客様に受け入れてもらえるのか――。

いろいろと不安はあったのですが、逆に言えば、それこそ「マーケターの腕の見せどころ」でもあるわけです。

能力開発の教材に興味を持ってリピーターになってくださるお客様は、向上心が高く勉強熱心な方ばかり。なかには「フォトリーディングの次は英語、その次は思考整理法にチャレンジしてみよう」と、いくつものメソッドを購入してくださる方も大勢いらっしゃいます。

そうした〝意識の高いリピーター〟の方が「気功」について、「気功だったらいいや」「気功はあんまり自分には関係なさそうだからパス」などと思われないような勧め方、集客の仕方を考える必要がありました。

どういう言葉なら大丈夫なのか。どんな表現なら、お客様が気功と能力開発を関連づけて考えてくれるか。ここでも、いちばん力を入れたのはライティングでした。

お客様がレターを見て、**「自分に関係のある情報か」「自分の興味を引く内容か」**がパッとわかるように書くのはセールスライティングの鉄則。**「レターは、タイトルと1行目が命」**は神田さんの教えでもありました。

そう考えると、セールスレターのタイトルにのっけから「気功」とか「気のパワー」といった言葉が出てくると、それだけでお客様に警戒心や猜疑心が生まれてしまいます。

そこでタイトルには「気功」の言葉を使わず、

・「潜在意識を活性化させ、潜在能力を引き出すメソッド」

としたのです。気功はあくまでも、能力を引き出すためのアプローチのひとつだと。これなら「怪しくない、ちゃんとした能力開発メソッドのひとつ」と捉えてくれるのではないか、そう考えたわけです。

そのうえで「〝気功〟は怪しいと思ってますよね？」と顧客心理から反発が出そうなことは先手を打って気持ちを言い当て、エビデンスを示してひっくり返しました。

その甲斐あってか「潜在能力を引き出す気功術」メソッドは、想像以上にお客様から支持され、当初の私の不安を吹き飛ばすくらいの評価を受けて、たちまち人気商品・人気セミナーになりました。

今にして思えば、従来の能力開発メソッドとは大きく毛色の違う「気功」というメソッドを売ったことは、すごく貴重な経験となりました。マーケターにもっとも求められる発想力や視野の広さ、思慮の深さなどを鍛える絶好の機会になったと思っています。

そして、このとき知り合った気功の先生とは、以降、私が自分の会社を立ち上げるきっかけとなるご縁に恵まれました。

神田さんのもとを離れ、ヘッドハンティングで別会社へ

2007年、私は3年間担当した神田さんの会社の外部マーケティング業務を辞め、生まれて初めて会社員として就職することになりました。きっかけは、当時、株式会社アルマックの能力開発部門を任されていた関連会社の社長が、自分で会社を立ち上げたことです。

その会社もやはり能力開発セミナーの運営会社でした。言ってみれば、その社長が自分で始めて軌道に乗せた「気功メソッド」を持って、神田さんから独立した形です。

そして、私はマーケティング担当者としてその会社に〝ヘッドハンティング〟され、正社員として入社したのです。

その会社でも引き続き、気功家の先生を講師に迎えた能力開発セミナーのマーケティングに従事することになりました。

立ち上げたばかりの会社ですから不安もあったのですが、それは杞憂でした。

神田さんのもとで鍛えられたマーケティング、とくにライティングのノウハウが役に立って最初から集客も上手くいき、驚くほど好調なスタートを切れたのです。

1回30万円もする定員60人の高額セミナーが、それこそ〝飛ぶように〟売れ、開催するたびに満席、満席、満席。売り上げも右肩上がりに伸び続けていきました。

ただ――。開催するたび常に完売という〝アゲアゲ〟な状況のなか、私は調子に乗って少し〝いい気〟になっていたのでしょう。

今思い出しても情けないのですが、当時の私は、セミナーに参加してくださるお客様を「1人、2人」ではなく、「(30万円のセミナー) 1本、2本」と数えていました。「今回も60本で満席、売り上げ1800万。よっしゃ!」と目に入ってくるのも数字だけ。年商もすぐに億を超え、数字を見るのが楽しかったし、「売れているのだからそれが正しい」と思い込んでいました。

自分の原点であったはずの「お客様に喜んでもらう」という、ビジネスにとっていちばん大切なことをすっかり忘れていたのです。

ビジネス観を変えた「苦すぎる経験」

新しい会社に移って半年近くが経ったあるとき、調子に乗っていた私に冷水を浴びせるようなショッキングな出来事が起きました。私が売っていたセミナーにリピーターとして何度も参加されていたお客様が突然、自殺してしまったのです。

その一報を受けて、当然、社内は騒然。

「○○さんが自殺って、一体どうして――」

「そういえば○○さん、長らくうつ病を患っていらっしゃったから」

「○○さん、すっかり顔なじみだったのに、ショックだよ」

社長をはじめスタッフみんながそんな会話を交わしていたなか、私だけがそのお客様の名前をまったく知らなかったのです。

「○○さんって誰ですか?」

「え、久保田さん、セミナーで毎回会っていたのに知らなかったの?」

　このことに私はものすごく大きなショックを受けました。私はどこを向いて、誰を見て仕事をしていたのだろう。売ることだけを考えて、お客様一人ひとりの顔や名前など覚えようとしなかった――。

　定員60名足らずのセミナーのリピーターですから、その気になりさえすれば簡単に覚えられる人数なのですが、当時の私はその意識すら持っていなかったということです。

　この悲しい出来事によって、お客様を「数字」「売上本数」でしか見ていなかった自分の至らなさを思い知らされました。そして、自分の仕事に対する姿勢を心の底から反省し、「お客様と向き合い、その人の感情や背景に意識を向けたビジネス」という初心に戻ることを誓ったのです。

　売れて過信し、いい気になっていた〝天狗の鼻〟をへし折られた苦すぎる経験が、私を「思いやりこそマーケティングの本質」という正しいビジネスに引き戻してくれました。

SNSでお客様とのつながりを築き、売り上げは3倍増に

売れればOK。誰がどんな思いや目的で買ってくれたのかなんて知らなくてもいい――。そんな血の通わないビジネスで本当の成功や満足を得られるはずがない。お客様の顔を見ない人間が、お客様に満足していただける商品やサービスを提供できるはずがない。

お客様の死によってそう気づかされた私は、すぐに行動を起こしました。まずはセミナー会場の入り口でお客様一人ひとりにあいさつし、名前を覚える――今更ながら、そんな基本中の基本に立ち戻ることから始めたのです。

さらに、もっとお客様の事情や状況、背景に意識を向け、もっとお客様との距離を縮めるために取り組んだのが「SNSによるフォロー」です。

その会社でも当初からメールマガジンの配信はしていたのですが、ただ送りつけるだけのメルマガは、結局は一方通行の情報発信にしかなりません。

当時、私が担当していた気功のセミナーは1か月に1回の開催でしたが、メ

ルマガ配信だけでは、次のセミナーまでの約1か月間、お客様からの声を拾えるようなきめ細かいコミュニケーションができないんです。

その点、双方向でのやり取りが可能なSNSなら、お互いに「今」の情報をリアルに伝え合える親密度の高いコミュニケーションが図れます。

そこで早速、私が窓口になって会社のSNSを立ち上げることにしました。当時はまだFacebookが日本に入ってきておらず、Instagramなどもない時代。オープンソース方式のSNS構築ソフトウェアでSNSを立ち上げてお客様にフォローしていただくことで、情報発信や情報交換などができる「コミュニケーションの場」をつくったのです。

こちらからはセミナー告知やセミナーの裏話、講師の先生との雑談風景などをアップし、お客様にもセミナーの感想や要望、質問などを投稿していただく。投稿してくれたお客様には、気功の先生がエネルギーを籠めたお守りをプレゼントするなどの特典もつけました。

するとみなさん喜んでくれて、フォローしてくれるお客様はあっという間に

300人超え。多くの方から投稿が寄せられて、想像以上に盛り上がったのです。

そのSNSは、セミナー告知のためのPRツールとしてはもちろん、お客様と一緒にワイワイ楽しめる〝サロン〟のような場でもありました。

その分、SNSの管理や更新は大変でした。300人のお客様の投稿に私ひとりで対応するのですから、目が回るような忙しさです。毎日、本当に朝から晩まで情報アップや投稿への返信に追われていました。

でもそれを上回る楽しさや充実感がありました。SNSは会社のものですが、更新や投稿をしていると、「私個人とお客様」とのつながりも生まれてくるんです。

私がたまにプライベートなことを投稿すると、お客様が興味を持ってくださり、「それは大変ですよね」「久保田さん、よかったですね」といった反応をいただける。セミナーの現場でも、「久保田さん、SNSいつも見てます」と声をかけていただける。

そうした、300人のお客様みんなとSNSを介してつながっているという実感を持てることがすごくうれしかったのです。

そして、そのつながりは業績にも貢献してくれました。ＳＮＳでの交流をスタートしてから約半年で、売り上げは倍増。それどころか3倍増で、３００％もアップしました。それまで1億円ほどだった年商が一気に3億円にまで伸びたのです。

ＳＮＳはセミナーへの誘導はもちろん、新商品の販売にも大いに役立ってくれました。ありがたいことに、ＳＮＳ内で情報を告知するだけで「久保田さんがおすすめする新商品なら買います」と言ってくださるお客様も大勢いらっしゃいました。

こちらがお客様に興味を持てば、お客様もこちらに興味持ってくれるようになる。こちらがお客様に寄り添えば、お客様はこちらを信頼してくれる——。お客様の顔を見るビジネス、マーケティングとはこういうものなんだと、改めて思い知りました。

この成功体験は大きな自信になり、「このやり方なら、自分でも独立、起業して運営できる」という意識も芽生えてきたのです。

結婚、そして独立へ

お客様一人ひとりに意識を向けるビジネスに手応えを感じていた頃、プライベートでもひとつの転機が訪れました。結婚して子どもができたのです。

相手は、多忙を極めていたSNSでのコミュニティづくりの合間を縫って参加した合コンで知り合った、IT企業に勤める会社員でした（今思えば、あの忙しいなか、よく合コンなんてしていたなぁと感心しますが）。

知り合ってすぐ意気投合し、駆け足のように結婚、そして妊娠。そのことをSNSで報告したときには、多くのお客様から「おめでとう」とメッセージをいただいたり、セミナー後にお祝いの会を開いてくださったりと、あたたかく祝福していただき、感激したことを覚えています。

そして結婚と妊娠は、私のキャリアチェンジのきっかけにもなりました。子どもができても仕事は続けたかったので妊娠後も働いていたのですが、やはり日が進むごとに体調は不安定になりがちに。これではほかの人の仕事にも支障が出て迷惑をかけると思い、出産する前に産休を取らせていただくことにしました。長男を出産後、7か月で職場復帰するものの、子どもが熱を出したときに病児保育に預けてまで出社したり、私のほうが肺炎にかかってしまったり。乳児を抱えて会社員を続けることは難しいと感じ、会社を辞めて独立することを決めたのです。2008年のことです。

当時、社長と私との間で、お客様に対する価値感の違いなどで意見が合わず、ストレスを抱えがちだったこともあり、環境をリセットするのにもいいタイミングでした。

会社を辞めて、体調が戻ってからは、千葉の自宅でできる範囲で友人や知人の仕事を手伝ったりしていました。ときにはそれまでのセミナー人脈のなかで、「仕事してないなら手伝ってくれない?」といった声をかけていただき、個人でセミナーの裏方仕事を引き受けることも。退職から3年近くは、何だかんだで常に仕事がある状態で過ごすことができました。

そうしたなか、２０１１年3月に東日本大震災が起きました。地震に伴って発生した福島第一原発事故による子どもへの影響を心配した夫の進言もあって、事故直後に生活の拠点を千葉から大阪に移すことにしたのです。

夫は仕事で東京を離れられなかったため、私は2歳になる息子と2人で大阪での生活を始めることになりました。

ところがこの大阪移住からわずか1年後、さらなる大きな、しかも深刻な〝転機〟が訪れることになるのです。

残高38円!? 崖っぷちからの起業

大阪移住から1年で離婚。極貧のなかで起業

大阪では、昔からの友人が嫁いだ先のクリーニング店の2階に部屋を借り、そこで息子と2人で暮らすことになりました。

夫が東京から毎月生活費を送ってくれるのですが、それでもずっと無職というわけにはいきません。そこで週2回ほど大阪にあるＷＥＢマーケティング会

社で、プロモーションとかマーケティングのサポートをするアルバイトをしていました。

しかし次第に、「自分はやはりマーケティングの仕事をしたい」「これまで培ってきたスキルを活かして、お客様に喜んでいただく仕事がしたい」という思いが膨らんできます。

そこで、思い立ったのです。子育てをしながら主婦もやりながら、その傍らでセミナー運営事業を始めよう。そのために会社をつくろう、と。主人からの仕送りもあるから、生活はその範囲でやりくりすればいい。そんなに大きな利益が出なくてもいい。お客様に満足していただけるセミナーを、できる範囲で運営できれば十分。そう考えていました。

ところが、大きな問題が発生しました。夫との離婚です。仕事やお金、子育てなど、いろいろな部分で考え方や価値観に違いが生まれ、東京と大阪の〝別居生活〟も引き金になって、離婚することになったのです。大阪に来て1年も経たない時期のことでした。

しかも「離婚の条件」についても意見が合わずに揉めて、最終的には離婚調停にもつれ込むことになりました。

離婚することになっていちばん困ったのは生活です。預貯金はすべて夫が管理していたため、私が自分で動かせる貯金残高はわずか「38円」だけ。夫名義のクレジットカードはもちろん使えず、携帯電話も止められました。息子が好きなトマトのひとつすら買うことができず、明日どころか今日食べるものにさえ事を欠く――。2歳の息子を抱えたまま、私は正真正銘の〝極貧のシングルマザー〟になってしまったのです。

でもやはり「母は強し」、そして「夢は強し」です。大きな逆境に立たされましたが、だからこそ「何としてでも仕事を成功させなきゃいけない」「親子で生きていかなきゃいけない」という強く、切実な思いが湧き上がってきました。

とはいえ〝ない袖は振れない〟のも現実です。私だけの〝袖〟をいくら振ったところで、開業資金など出てくるはずもありません。そのときに力を貸してくれたのが父でした。

お金がなくて困ってる私の事情を知った父が、自身の退職金から300万円を振り込んでくれたのです。「このお金は捨てたと思っておまえにやるから、自由に使っていいし返さなくてもいい。でもこれが最後、もう頼るんじゃないぞ」と。

娘と孫の暮らしを案じてくれたのでしょう。言い方こそ厳しかったけれど、私の自立と独立を後押ししてくれた父には感謝しかありません。その300万円は、2年後にすべて返済しました。

そんな父の支援もあって2012年3月、自己資金がたった38円というギリギリの崖っぷちのなか、セミナー運営会社を創業することができました。

社名は株式会社「やまと」。この会社は、私と、私たち親子が住まわせてもらっていたクリーニング屋さんに嫁いだ友人の2人での立ち上げでした（私が100％の株主、友人が代表取締役）。

会社名は最初、「株式会社大和」という漢字名でした。男らしい名称なので、私のキャラクターに合っていなかったせいか、「え？　なんで大和なの？　戦艦大和の大和？」とぎょっとされることが多かったです。

社名の由来は、当時は奈良に近い大阪に住んでいたため、大和の国の発祥の地である奈良でセミナーを開催できたらいいなと思ったからです。最初に行こうと考えていたのは奈良の天理市にある大和神社《おおやまとじんじゃ》という日本最古の神社です。こちらの御分霊が戦艦大和に祀られていたことでも有名です。

私の祖父は戦時中、海軍で戦艦大和に乗る予定でしたが、大病を患ったため乗艦がかなわなかったことを、体に残っている大きな傷跡を見せながら話してくれる機会が何度かありました。祖父が戦艦大和に乗らなかったおかげで今の私が存在するのですが、この話をするときの祖父はいつもどこか悲しそうで、言葉少なでした。今思うと、正義感が強い祖父ですから、自分だけが生き残ってしまったという後悔の念に苛まれていたのかもしれません。

当時私は結婚していて、専業主婦でしたので、「この仕事で大成功してやる！」

というような大きな野望は正直持っていませんでした。ただ、この会社を通じて少しでも世の中の人に良い影響を与えていきたい、その結果として、日本が良くなることに貢献できたらうれしい。

そういう思いから、大好きな祖父との思い出にもリンクする「大和」を社名にすることにしました。ただ、ほんわかキャラの私には大和はイメージが合わないと言われ続けたこともあって、2023年、漢字の「大和」を意味も音も同じ、ひらがなの「やまと」に社名変更しました。

最初のセミナーは「離婚調停の翌日&たった15人」

株式会社「やまと」として最初に集客して開催したのは、気功家の清水義久先生によるセミナーです。

前の会社でプロデュースした清水先生のセミナーに感銘を受けた私は、大阪に移住してからも「会社を立ち上げたら、ぜひ講師をお願いしたい」と思っていました。そして起業するにあたって先生のもとに交渉に出向き、快諾いただいていたのです。

清水先生をお招きした記念すべき最初のセミナーは、2012年3月3～4日、京都・東寺の宿坊を会場にして1泊2日で行いました。

参加費は1人4万円。高いかなとも思いましたが、京都のシンボルでもありパワースポットとしても有名な東寺に泊まって、気のパワーを学ぶ——一般人がめったに宿泊などできない宿坊でのスペシャルな体験は値段以上の価値がある。お客様に喜んでいただけると信じて、その価格にしたのです。


いちばんの問題は集客でした。起業したばかりで顧客リストなどないので、ゼロから新規のお客様を集める必要がありました。

まず実践したのは、知人友人に「こういうセミナーがあるんだけど」と声をかけて人を集めるという王道のオトモダチ作戦。

そしてもうひとつはTwitter（現X）による集客です。これは私や会社の公式アカウントではなく、清水先生のアカウントを作成するご許可を得て、そこで私がセミナーの告知や募集、さらに先生の講座の要約記事などを投稿するというもの。つまり、私が先生のTwitter投稿のライティング担当になったわけです。

オトモダチ&Twitterで集客をかけたのですが、ふたを開けてみたら60人の定員のところ、参加者はわずかに15人、友人と口コミの紹介による方々でした。

いくら価格設定が高かろうが、とても採算が合いません。先生は「講演料はいくらでもいいよ」と言ってくださったのですが、それでもある程度お支払いしないわけにはいきません。当然、このセミナーは結構な赤字となりました。ただ、セミナー自体は大いに盛り上がり、お客様からの評判も上々でした。みなさんに「すごく楽しかった」「参加してよかった」とおっしゃっていただけたことが、救いでもあり、集客の課題さえクリアできれば絶対に上手くいくという自信にもなったのです。

実はこのセミナー、私にとって別の意味でも印象に残るイベントになっています。

というのもセミナー開催日である2012年3月3日の前日、3月2日がちょうど夫との離婚調停の日だったのです。

調停が行われたのは、私の実家がある千葉の裁判所だったため、セミナー前日、集客や準備で頭が一杯の状態のまま千葉に出向いて離婚調停に出席。何とか離婚を確定させたのちにトンボ返りで大阪の会社に戻って、すぐさま京都に向かい、翌日から即セミナー開始――。起業していちばん最初の大事なセミナーの舞台裏では、尋常ではないドタバタ劇が繰り広げられていたのです。

創業7年目で、年商1億8000万円を達成

株式会社やまとでの仕事はお客様15人での赤字スタート。でも、来てくださったお客様には満足していただけたことで、収支はともかく「期待度以上のものを提供できれば喜んでもらえる」という仕事としての手応えは感じていました。

同時に、ゼロから集客することがどれだけ大変かを改めて痛感したことで、「今回来てくださったお客様を大事にしなければ」という思いも強くしたので

す。

15人のお客様をしっかりアフターフォローして、その3分の1でもリピーターになってもらい、そこに新規のお客様を上乗せしていけば人数も増えていきます。私のなかで**「事業の継続にはリピーター育成がいちばん大事」**という姿勢が明確になったのはこのときです。

目の前のお客様を満足させて、また来てもらう――。そのために自分ができることを真摯に、誠実に、地道に実践していこうと心に決めたのです。例えば、セミナー中は常にお客様の様子に〝目と気〟を配り、お客様の誘導や案内、声掛けから会場の室温調節まで、快適に過ごしていただくためのアテンドに駆け回る。

同時に先生の話のメモを取って内容をまとめ、参加されたお客様に特典として、その日のうちに〝議事録〟にしてお送りする。

セミナーの最後には必ず「今日お越しくださった方だけに特別に――」といったプレミアム感のある〝次回予告〟をする。

そうしたお客様本位のアプローチに心血を注いだ成果は、少しずつ数字に表れてきます。

最初のセミナーから2か月後、奈良の大和神社と三輪神社を訪ねる2回目の気功セミナーを開催したときは、参加者が39人と倍増。前回のセミナーからの〝リピーター〟のお客様も10人くらい参加してくださいました。

そしてそれ以降も、回を追うごとに「リピーター＋新規客」の積み重なりがループして、お客様がどんどん増えていったのです。

創業当初は赤字続きでセミナー運営だけでは会社が維持できず、ほかの会社のマーケティング業務を請け負う外部マーケター仕事で売り上げを補填する――。そんな自転車操業だった本業が徐々に軌道に乗り始め、売り上げも年商で5000万円、3000万円、5000万円と順調に成長していきました。

もちろんすべてが順風満帆だったわけではありません。大阪で創業して数年後に信頼していたスタッフの横領が発覚し、300万円近い額を失ったこともあります。

経理関係の仕事をすべて任せてノーチェックだった〝脇の甘い〟私に課せられた「高い授業料」だったのだと思います。ただ金額以上に、裏切られたことのショックが大きく、この事件を機に、そのスタッフとは決別し、会社も大阪から現在の東京に移すことにしたのです。

ただ、こうしたトラブルやピンチを何とか乗り越えてこられたのも、「自分が企画するセミナーで、お客様に喜んでいただきたい。笑顔になっていただきたい」という揺るぎない思いがあったからです。そして、仕事を介してお客様とつながることができる喜びに魅せられていたからです。

小学生の頃、駄菓子屋の店番で知った「人に喜んでもらう喜び」を追い求めて起業した株式会社「やまと」。おかげさまで、創業から6年の2018年には年商1億円を突破し、その翌年には過去最高となる年商1億8000万円を達成することができたのです。

絶好調の「やまと」を襲った最大のピンチ

当初は年5回だったセミナーも、翌2013年には年13回と開催回数も倍増し、その後も月1回ペースで続けてきました。

実は2012年の創業から7年間、セミナーの講師は気功家の清水義久先生おひとりだけ。清水先生のマネジメントとセミナープロデュースが「やまと」のメイン業務でした。

ですから「やまと」が年商1億円超えという大きな実績を残せたのも、清水先生のご尽力のおかげと言えます。前の会社でご縁をいただき、独立したときに感じた「清水先生のセミナーなら絶対に上手くいく。私が会社をつくったら、講師は先生にお願いしたい」という直感は間違っていなかったのです。

ところが「クライアントが1人だけ」という状況が、会社の存続にも関わるような大きな危機をもたらすことになりました。

右肩上がりに業績が伸び、ついには年商1億8000万円を達成という20

19年、清水先生が体調を崩されて3か月近くも入院してしまったのです。セミナー会場のあるホテルの部屋から、どれだけ連絡しても先生が出てこられないという事態になりました。

会場にはすでに約300人のお客様が集まり、まさに「いざ、開演」というタイミングでしたが、急遽セミナーは中止。お客様には事情をお話しして、お帰りいただきました。後日、セミナー費用の全額返金はもちろん、交通費などの実費まで負担しました。なかには海外からご参加の方もいらしたので、当然大変な額の赤字になりました。

ひとつの救いは、会場での混乱やお客様からの苦情がほとんどなかったことです。

体調不良という事情とはいえ、遠方からお越しのお客様など文句のひとつも言いたくなっておかしくない状況です。それなのに、みなさん事情を理解して納得してくださり、怒るどころか、「優子ちゃん、大変だったね。大丈夫?」とこちらを気遣ってくださる方も大勢いらっしゃったのです。

どれだけお願いしても返金を辞退なさる方も多く、今思い出しても涙があふれます。

本当にありがたかった。顔の見えるマーケティングで築いてきたお客様との信頼関係に救われたのだと。あのときのお客様のお気遣いには感謝しかありません。

背負った損害4000万円超。それをステップアップのきっかけに

ただ、事はそれでは終わりませんでした。

私は清水先生から依頼されてマネジメントも担当しており、先生と共同設立したマネジメント会社から、別の運営会社のセミナーに講師として先生を「派遣」する業務も行っていました。言ってみればマネジメント会社と清水先生は、所属事務所と専属タレントという関係でもあったということです。

先生はこうしたセミナーでも人気が高く、ほかの運営会社からも引く手あまたで声がかかります。その日程管理やマネジメントが主な業務でした。立ち上

げたばかりで収益も上がっていない段階です。

ところがこのとき、先生が急に倒れたことで、いくつかの別会社で決まっていたすべてのセミナーをキャンセルしなければならなくなったのです。

その結果、それらの会社への契約不履行による損害賠償など、すべて私が矢面に立ち責任を取ることになりました。毎日、頭を下げてお詫びの日々。体重は10年ぶりに40キロ台にまで減りました。

マネジメント会社にはお金がなかったので、「やまと」から損失補填をしました。弁護士が計算した損害金は4000万円を超えていました。

弁護士には「裁判をして、先生にもいくらか負担させたほうがいい」と言われたのですが、病気で入院している人相手に裁判なんて気が進まなかったし、離婚の経験で裁判には時間がかかることも知っていたので、もう腹をくくって「ウチで払う」と決めたのです。

いくら業績がいいとはいえ4000万円の出費は大打撃。倒産も覚悟しました。でもしばらく落ち込んだら、ふと思ったんです。「ある意味、良かったのかも」と。

創業からずっと「クライアントが清水先生1人だけ」という〝一本足打法〟でやってきたけれど、今回のことでそのリスクの大きさを思い知り、ようやくリスクヘッジの意識が芽生えてきました。もしこのまま続けていたら、先々もっと大変なことになっていたかもしれない。4000万円の〝授業料〟は高いけれど、会社に支払えるだけの余裕があるうちに気づけたのだから、もしかしたらラッキーだったのかも――。

そう思えたら、パッと切り替えられるのが私の身上です。

この苦すぎる経験を機に、以降は、1人だけではなく、目が届く範囲のなかで複数の講師とお仕事をするやり方にシフトすることにしたのです。現在は10人以上の先生のセミナーをプロデュース。ときには講師同士のコラボセミナーを企画するなど、新しい試みにも積極的に取り組み、お客様にも喜んでいただけています。

どんな災いもすべて転じて〝成長の糧〟となし、どんなピンチも自分を高めるステップアップに変えていく――。そんな心がけで、マーケティングとセミナー運営の世界をひたすらに全力疾走してきました。

長く講師を務めてくださった気功家の清水先生に言われたことがあります。「セミナーという〝パーティ〟を主催するホストがあなたの仕事。だから、常に『お客様が来てくれてうれしい』『お客様に楽しんでほしい』という気持ちで会場に立ちなさい。そういう気持ちでお客様と向き合いなさい。その思いは必ずお客様に伝わります」と。

そのためにはまず、私自身がそのパーティを最高に楽しい時間だと思えなければいけない。招く側が自信を持って楽しく笑顔で迎えられるセミナーなら、間違いなく参加するお客様も楽しいはず。

私にとっては年に数十回も開催するセミナーのうちの1回でも、お客様にとってはめったに参加できない貴重な1回かもしれない。その方にとって何かが大きく変わるきっかけとなる1回かもしれない。新しいお客様との出会いとなる1回かもしれなければ、リピーターのお客様と、より距離が縮まる1回になるかもしれません。

だからこそ、どの「1回」も、誰にとっての1回も、そのすべてが「最高」でなければいけません。そのために、常に全身全霊を込めてプロデュースする。それが私の仕事であり、大きな喜びでもあるのです。

今日も私はどこかのセミナー会場で、メモを片手に所狭しと駆け回っているでしょう。

そしてお客様の声に、表情に、動きに全神経を集中して目を配り、気を配りながら、いかに楽しく、学びのある貴重な時間を提供できるか、それだけを考えているでしょう。

そしてお客様の笑顔と出会うという〝極上の喜び〟を味わっているはずです。

第2章

「売り込まなくても売れる」がイチバン

「売り込まずに売る」ための3つのステップ

ふらりと立ち寄ったお店で〝ゆっくり見たい〟のに、販売員さんが近づいてきて「今日は何をお探しですか」「それ、かわいいですよね」「セールで今だけお買い得なんです」「お客様の雰囲気にぴったりですよ」「試着だけでもしてみませんか」――。

こういった〝**押しが強め**〟の**接客が苦手**という人は多いのではないでしょうか。

同じように商売をしている者としては、「売りたい」「買ってほしい」という販売員さんたちの気持ちもよくわかります。

でも難しいもので、とくに今は「いいモノだから買ってください」とお願いするだけでは売れない時代と言えるでしょう。

テレビを見ていても、同じCMが何度も繰り返しオンエアされると買いたくなるどころか「ウザい」と思い始める。保険の担当者に「入れ、入れ」と何度も勧誘されると、どんなにいいプランでも敬遠したくなる。ビジネスというのは「売り込もうとするほど売れなくなる」ものなのですね。

とはいえ、それでも売らなければいけないのがビジネスです。では、どうすればいいのでしょうか。いちばんの理想は、**「こちらから売り込まなくても、お客様が『買いたい』と思ってくれる」**状態になること。言い換えれば、**「売り込まなくても売れる仕組み」**をつくることです。

自分から「買って」と売り込まなくても、「その商品をぜひ売ってほしい」というお客様が集まってくる――。そんなの無理。それはただの理想論。そう思う人もいるでしょう。

でも、そんなことはありません。

なぜなら、この私にだってできたのですから。ビジネスのド素人だった私が思い切って会社を立ち上げ、年商1億円超を実現するまでに成長させることができたのも、この「売り込まなくても売れる仕組み」をつくって、それを継続してきたからです。

そこでここからは、私自身がずっと取り組み続けてきた「売り込まずに売る」ための仕組みづくりに欠かせない3つのステップをご紹介します。

STEP 1

「買ってくれそう」な人を集める

ビジネスはお客様がいて初めて成り立ちます。ですから、何よりも買い手であるお客様を集めること＝「集客」が不可欠になります。とはいえ、すぐ買ってくれるお客様を簡単に集められるのなら誰も苦労はしません。

集客でよくある失敗は、「誰でもいいから買ってほしい」とばかりにアプローチの網を大きく広げすぎてしまうことです。

例えば、片っ端から一軒一軒チラシをポスティングする、駅前に立って道行くすべての人にチラシを配る——。よく言う「ローラー作戦」的なやり方です。もちろん、なかにはその商品に興味がある人もいるでしょう。そういう人に向けての集客効果は確かにあります。でもそれ以上に、商品にまったく興味がない人も大勢います。

そんな興味のない人、買ってくれそうもない人がチラシを手にしても、そう簡単には良い反応には結びつきません。チラッとでも見てくれれば上出来、多くはそのままゴミ箱にポイでしょう。

大手企業などでは「数打ちゃ当たる」的な方法も通用するでしょうが、零細企業や個人経営のビジネスにとっては、コストや手間の点から見てもかなり効率が悪いのです。

そこで大事になるのが、「買ってくれそうなお客様」を集めるという考え方です。

「今はまだ買ってくれていないけれど、いつか買ってくれるかもしれない」「自社商品やサービスに興味を持っていそうで、将来的に購入してくれる可能性がある」――そうしたお客様のことを「見込み客」と呼んでいます。「顧客の予備軍」みたいなものですね。

ただやみくもに無差別に集めるのではなく、買ってくれそうな見込み客に絞って集客する。そうすれば、より効率的に「実際に買ってくれるお客様」を増やしていくことができます。そして、すでに商品やサービスに興味を持っているお客様だからこそ、こちらから「売り込まなくても買ってくれる」お客様にもなり得るのです。

私が自分の経験から考える見込み客の集客アプローチのポイントは、

① どこに買ってくれそうなお客様がいるか

② いかに安く（できれば無料で）集めるか

の2つ。まとめて言えば、「買ってくれそうな人がいるところを探し、そこにできるだけ低コストで集客ツールをまく」ということです。

①は、釣りをするときに魚が集まるポイントを探すのと同じこと。自社で扱う商品やサービスに興味がありそうな人が大勢いそうな場所や環境に集中して〝網を張る〟ことで、集客確率は格段に高くなります。

そのためには、幼児向け商品なら「幼稚園や保育園周辺」で、旅行関係商品なら「駅や空港」で——というように、見込み客の出没スポットの見極めが欠かせません。

以前、私が公認会計士の塾で集客（学生集め）をしたときは「資格試験の合格発表会場」を中心に学生募集のチラシを配りました。そこに大勢いる「今回は残念ながら不合格だった人たち」が、塾にとっては貴重な見込み客だったからです。

②はコストの問題です。予算に余裕がある大企業ならお金をかけて集客広告を打つことも可能ですが、中小企業や個人経営にはかなりハードルが高いはず。〝買うかもしれないけれど、買わないかもしれない〟というお客様にそこまでお金をかけられないのが現実でしょう。だからこそ、「できるだけ安く、できれば無料で」というコスト管理が不可欠になります。私の会社でも、起業から現在までの11年間、見込み客の集客に関しては一切の広告費をかけていません。

今の時代に低コストでできる集客方法といえば、TwitterやLINE、

ＩｎｓｔａｇｒａｍといったＳＮＳの活用でしょう。

一般的なのは、自社の公式アカウントで情報発信と同時に「**よければアカウントをフォローしてください**」と促すという方法です。自社アカウントに登録してくれる人（フォロワー）は、商品やサービスに興味がある可能性が高い「見込み客」と言えます。

さらに重要なのは、フォロワーになってもらえればその人のアカウントがわかるという点です。公式アカウントのフォロワーを増やしていけば、自然に「見込み客リスト」が手に入るわけです。

そのほか、手づくりのチラシを配る、知人や友人に興味のありそうな人を紹介してもらうといったやり方も、原始的ではありますが低コストでできる有効な集客方法になります。

STEP 2 興味のある方に「買ってもらう」

商品に興味を持っている方には、できるだけ早く買ってもらうことが大切です。いちばん理想的なのは、**すぐに1ステップで売ること**。無理に2ステップにして、せっかく買う気になっているお客様の熱を冷ますことはしないようにしましょう。即、申し込めるように**販売導線**を整えることがもっとも重要です。

STEP 3

「また買いたい」を引き出す

ビジネスの成長にいちばん重要なのは新規のお客様を獲得すること——そう考えている人は少なくありません。

もちろん新しいお客様を増やして、マーケットを広げていくことはとても大事ですが、それには大きなコストや手間がかかります。零細企業や個人経営では、新規顧客の獲得に力を注いでも、かえって負担が重くなってしまうケースだってあるのです。

ですから新しいお客様を増やすこと以上に、これまで獲得してきた既存のお客様に繰り返し買ってもらう、つまり「**リピーター**」になってもらうことが重要になってきます。

マーケティングの世界では**「売り上げの8割はリピーターから生まれる」**とも言われています。ビジネスの成長や安定には、「また買いたい」と思ってくれる優良なリピーターが不可欠ですし、そのリピーターをつくれないビジネスは継続できないのです。

お客様の「また買いたい」という気持ちを引き出すには、気配りの利いたアフターフォロー、喜びや満足度の高い商品やサービスの継続的な提供といったアプローチが求められます。**「ファンになっていただくためのアプローチ」**については、第4章でもう少し詳しくお伝えしたいと思います。

常にお客様に喜んでもらえるものを提供してリピート率を上げ、自分や自分の会社の〝ファン（リピーター）〟になってもらう。するとお客様のなかに、

- **「この商品ならまた買いたい」**
- **「この会社の商品なら別のものも買ってみたい」**

という心理が芽生えてきます。

売り手はいいものを提供し続け、買い手は、売り手を信じてその商品に愛着を感じ、何度も買いたくなる。このループが続いていけば、こちらから売り込まなくてもお客様のほうから「買いたい」「ほしい」と思ってもらえる――そんな理想のビジネスの実現が見えてきます。

ペルソナ設定の〝ストライクゾーン〟は広めに

誤解のないように申し上げますが、売り込まないとは「ただ待っているだけ」という意味ではありません。あくまでも「**お客様が必要をしているものを提供する**」という大前提があってのことです。

では、お客様が必要としているものを提供し続けるにはどうすればいいのでしょうか。それにはまず、**「自社の商品を必要としているお客様はどういう人なのか」**を知ることが重要になります。

そこで知っておきたいのが、ビジネス全般、とくにマーケティングの分野で重要視されているのが**「ペルソナの設定」**です。ペルソナとは、**「自社商品を提供したい架空の人物像」**のことで、「人格」を意味する「ｐｅｒｓｏｎａ」という言葉に由来しています。

ペルソナの設定はお客様の境遇や心理をリアルにイメージし、お客様の視点やニーズに沿ったマーケティングやセールスを展開するために不可欠と考えられています。

例えば、Ａという商品を買ってくれるであろうお客様を、

・年齢、性別（ex. 42歳の既婚女性）
・家族構成（ex. 家電メーカー勤務の夫と高2の息子、中1の娘の4人暮らし）

- 居住地域（ex. 東京市部の一戸建てに居住）
- 職業、役職（ex. 専業主婦）
- 収入（ex. 夫の年収、約800万円）
- ほかに「趣味や関心ごと」「性格」「悩み」「消費動向（お金の使い方）」

というように、年齢や性別といった大まかな属性だけでなく、ひとりの人物としてより詳細に設定して、架空の人物像をつくり込んでいくわけです。

こうした事細かなペルソナ設定はマーケティング戦略の基本とされ、どんなビジネスセミナーでも真っ先に教えられるのですが、実は私は、そのセオリーには少し違った考えを持っています。

これまでの経験から、最初からお客様の人物像をあまり詳細に絞り込みすぎず、ある程度の幅を持たせておくほうがいいと思っているのです。

もちろん性別や年齢層（若い女性とか、年配の男性向けとか）などある程度の絞り込みは必要ですが、人物像があまりに偏ると、それに当てはまらない人にはアプローチできないという状況が生まれる恐れもあります。

例えば、スキンケア商品のマーケティングで

・「丸の内のオフィスに勤める22歳の独身女性」

とペルソナを限定した場合、「22歳だけど既婚の女性」や「30代前半の丸の内OL」「スキンケア意識の高い独身男性」といった層がペルソナから外れてしまいます。

商品やサービスの特性にもよるので一概には言い切れないのですが、極端なペルソナの絞り込みは、かえって潜在的な見込み客を〝取りこぼす〟リスクにつながる可能性もあるということ。

とくに個人経営や零細企業の場合、綿密で詳細なペルソナを設定すること自体がマンパワー的に難しいかもしれません。また、「これがペルソナ」と決め込んで一点集中でセールスをかけたけれど、想定がまったく違っていて大失敗したという事例も少なくないんですね。

人的にも資金的にも余裕がある大企業が仕掛けるのなら、詳細なペルソナ設定というマーケティングの王道戦略はとても効果的でしょう。ただ、零細企業や個人経営者が同じことをやっても、かえってリスクのほうが高くなりかねません。

私はゴルフが趣味なので、ゴルフの例えで恐縮ですが、あの直径108ミリの小さいカップに入れろと言われると、とても無理のように思えますよね。でも、「バケツくらいの大きさの穴に入れるつもりで」と言われると、とたんにやさしく感じるものです

合コンでも、厳しく設定した「理想の彼氏の条件」をすべて満たす人でなければダメ、という姿勢では出会いも難しいけれど、心がキュンと動くことを大事にすれば、条件から多少外れていても、自分では想定もしていなかったいい人に出会える機会が増えるものです。

それと同じで、たったひとりのお客様像を決めてその人に合わせて売るよりも、ペルソナの〝ストライクゾーン〟を広めにとってそのエリアに届くように売るほうが、少ないリスクで多くのお客様（見込み客）に刺さる確率が高くな

ると思うのです。

実際に弊社のお客様は男女比6対4とほぼ同数。年齢も30~60代。主婦から経営者まで多種多様です。もしターゲットを30代女性に絞っていたら、多くの顧客を失っていたでしょう。

「気分」という属性を軸にペルソナを設定する

では、ストライクゾーン広めのペルソナ設定をするにはどうすればいいのでしょうか。

もっとも一般的な方法は、年齢や職業などの設定条件の幅を緩めることです。20歳ではなく「20代」、年収400万円ではなく「年収300万~500万円」、上場企業の営業課長ではなく「営業職」といった具合です。ゾーンに幅を持たせることで、該当する見込み客を増やすことができます。

さらにもうひとつおすすめしたいのが「**気分**」を軸にしてペルソナを設定するというアプローチです。これは「**どんな人**」に買ってほしいのかではなく、「**どんな気分の人**」に買ってほしいのかを考えるということ。

つまり、ペルソナを「特定条件の個人」に絞り切らず、「**同じ気分を持っている人たち**」という集団で捉えるのです。このように「気分」を軸にすると、買ってほしい人の属性をピンポイントではなく、ある程度幅を持たせた「傾向」という枠で設定できるでしょう。

例えば「朝の目覚めが悪くて不快を感じている」という属性をペルソナにすれば、老若男女、仕事も年収も場所も関係なく、その気分に共感できる人がペルソナになります。

そして実際に、「意外にもこういう気分の人たちが大勢買ってくれた」「この気分の人には刺さらなかった」といった売れ行き結果が出てきたら、その都度しっかりと検証し、走りながら修正することでペルソナの精度を高めていけばいいのです。

ただ、ひと言で「気分」といっても喜怒哀楽や快不快など種類はさまざま。実は、そのなかで、マーケティングにおいて重要視すべき「気分」というのがあるんですね。詳しくは後の章で触れますが、それは不満、不安、不足、不便、不快、不都合といった「**不の気分**」です。

消費者が商品を買ったりサービスを受けたりする最大の理由は、自分が抱えている「不」を解消したいからだと言われているのです。ですから、気分を軸にしたペルソナ設定をするなら、

- **「○○に不便を感じている人」**
- **「○○を不安に思っている人」**
- **「△△に不満を持っている人」**

という「不」にまつわる気分を属性にして分類することをおすすめします。

困ったら「自分自身」をペルソナに

私は現在、自分の会社の仕事のほかに、ほかの会社のマーケティングのコンサルティングもさせていただいています。そうした企業の担当者には「それでも、やっぱりペルソナ設定が上手くできない」という方が結構いらっしゃるんですね。

そんなときは、「**自分をペルソナにしてみてはどうですか？**」と申し上げています。

会ったこともない架空の人物を思い描いて頭を悩ませるよりも、実際にその商品の価値を享受して得た喜びをわかっている自分をペルソナにしたほうが、確実にターゲットの気持ちを理解できます。

例えば、何年も結婚できずに悪戦苦闘してお金も使ってきた方が、ある結婚相談所の紹介ですんなり理想の相手と結婚したとします。その後に、もし結婚のサポートをする仕事に就いたら、誰よりも「結婚したい人」の気持ちがわかるはずです。

また、自分で起業して商品開発をしている人なら、求めているペルソナと一致しやすいのは「**過去の自分**」でしょう。

自分の会社の商品やサービスをつくるとき、おそらく「**自分ならこういう商品がほしい。こんなサービスがあったらうれしい**」という思いが原動力になっている人が多いはず。

ならば、その商品をいちばん**必要**としているのは「そのときの自分、過去の自分」ということにもなります。

とくに自分自身の悩みや困りごとを解消できたモノやサービスを開発・販売する場合、自分の過去の「不」の気分や状況が、そのままそのモノやサービスのペルソナになります。

例えば「口臭に悩んでいた人が、自分で開発した新しいマウスウォッシュを売る」のなら、まさに「今、昔の自分のように口臭で悩んでいる人」がペルソナになるわけです。

自分がリアルに感じる「あったらいいな」は、自分と同じ気分や境遇のお客様の「あったらいいな」と、ほぼイコールになるはず。

自分というペルソナは、どんなに精密な架空のペルソナよりも「リアリティ」で勝っています。自分が抱えている、かつて抱えていた「不」を、どこかでほかの誰かも同じように抱えて悩んでいるはず。自分をペルソナにして「不」を掘り下げることが、お客様の「不」に寄り添うマーケティングにもなるのです。

等価交換ではなく値段以上の価値を提供する

ビジネスはお金と商品（サービス）との交換で成り立っています。

でも、ビジネス成立のゴールは、「その商品を買ったお客様が、その分の価値を得られる」ことにあります。お客様は「この商品になら、〇〇円出してもいい」「このサービスで△△円なら買ってもいいかも」と、自分が支払う対価で得られるであろう価値（価値は人それぞれですが）を期待して購入するのです。

例えば10000円支払って10000円分の価値を得る。対価と価値がイコールになる。このときお客様は「10000円出した価値があった」と納得してくれます。これがビジネスの基本であり、ビジネスの当たり前でもある「等価交換」です。

でも、お客様が自ら進んで商品を買ってくれる、売り込まなくても自然に売れるビジネスを目指すには、等価交換では不十分。等価交換ではお客様を納得させることはできても、「満足」を与えることはできません。

購入したお客様に満足していただき、「買ってよかった」「また買いたい」と思わせるには、対価以上の価値を提供することが求められます。お客様が商品を買って、サービスを受けて、満足して笑顔になるのは、それが自分の期待を上回っていたときなのですね。

自分が買う側に立って考えればわかることですが、お客様は常に、支払った金額以上の価値、よく言われる「付加価値」を得ることで満足感を覚えるもの。

1000円払ったら、1500円分の価値を得ることができた——こうした付加価値による、納得以上の「満足」を感じていただけて初めて、再購入率が上がり、口コミが増え、リピーターになってくれる確率も高くなるのです。

でもなかには、1000円払ったのに500円分の価値しか得られないというケースもあります。このときお客様は「買って損した」「買うんじゃなかった」と不満を感じます。これでは再購入どころか、「もうここの商品は買わない」と見切りをつけられてしまう可能性もあります。

「お、ねだん以上。」——人気の家具・インテリア販売店「ニトリ」のキャッチコピーを聞いたことがある人も多いと思います。「購入したお客様に等価交換以上の、対価以上の、プラスアルファの付加価値を提供する」という、売れるビジネスの本質がストレートに表現された、まさに「売れるコピー」だと思います。

いかにしてお客様に等価交換以上の価値を提供できるのか。どうすれば納得を超え、満足を超えた「大満足」を感じていただけるのか。ここに知恵を絞ることが、売れるマーケティングの成功につながるのです。

第3章

共感して寄り添う「思いやりマーケティング」

マーケティングとは「心を動かす」こと

久保田さんが考えるマーケティグの本質って何ですか？——最近、こうした質問を受ける機会が増えてきました。そうしたとき、私はいつもこう答えています。

「思いやりです」と。

マーケティングとは、突き詰めれば**「お客様の心を動かすこと」**です。お客様の心に「買いたい」という思いを芽生えさせて、実際に「買う」という行動に導く。そのために何ができるか——マーケティングとはこの一事に尽きると私は思っています。

それはつまり、**「どうすればお客様に喜んでもらえるのか」**を考えて実践していくということ。そのためのすべての活動の根底に欠かせないのが「思いやり」という、人としての感情なのです。

そう考えるようになったのは、師匠であるマーケター・神田昌典さんの影響です。私がいちばん最初に読んだ神田さんの著書『あなたの会社が90日で儲かる！』に書かれていた、お客様の心に訴えかけて購買行動を起こさせる「**感情マーケティング（エモーショナルマーケティング）**」という手法に大いに共感したのがきっかけでした。

技術が大きく進歩して、アナログからデジタル全盛の世の中へと時代が移り変わっても、ビジネスが「人同士の営み」であることには変わりありません。インターネットがどれだけ普及しようが、スマートフォンで何でもできる時代になろうが、最終的に「**人は、人からモノを買う**」のです。

そして、その「人」が心を動かされる仕組みも、何年経とうがずっと変わらない〝不易不変〟のもの。だから、いつの時代も「**人は、好きな人から、信頼**

する人から、自分を大事に思ってくれている人から、モノを買う」のです。

ビジネスをしている以上、売り上げや収益はとても大事です。ノルマを課してでも数字を上げなければいけないことだってあるでしょう。商売は売れてナンボ、数字が上がってナンボというのもまたひとつの現実です。

ただ、売り上げや収益を求めるあまり、その売り上げを生み出してくれるお客様の「心の動き」に意識が向かない、「感情」に目が届かないビジネスは決して上手くいきません。

ネットやSNSを見れば、釣り広告にあおり広告、ステルス広告など「売らんがためだけ」のマーケティグやセールスがあふれています。「心」に寄り添うどころか、逆手にとって裏をかいて、半ば騙すようなビジネスは、瞬間風速的には数字が上がっても、それを継続できないでしょう。

人は、好きな人からモノを買う――この基本原理を忘れてはいけないと、私自身、今も常に肝に銘じています。

愛さなければ、愛されないのはビジネスも同じ。人と人との関係性がすべてだからこそ、人（お客様）の心を理解し、共感し、寄り添う「思いやり」を欠かしてはいけないのです。

悩みに寄り添う「思いやりマーケティング」

人と人で営まれるビジネスの本質は思いやりにある――この信念をベースにした売れる仕組みづくりの手法を、私は「**思いやりマーケティング**」と名づけています。

思いやりマーケティングをもっと具体的に定義すれば、

①お客様の心情や事情、境遇に寄り添い、

②お客様が抱えている問題を解決する商品やサービスを提供して、
③お客様に喜びを与え、笑顔になっていただく

そして、その結果として「売り込まなくても売れる仕組み」をつくることです。

とくに①の「**お客様に寄り添う**」は、思いやりマーケティングにおける最重要アプローチと言えます。

ここでいう「寄り添う」とは、「想像して共感する」こと。つまり、その人の身になって考えるということです。

お客様が持っている痛みや悲しみ、苦しみを100%理解して共感しろというのは無理にしても、わが身に置き換えて推察することはできるでしょう。

・**「もし自分がそのお客様だったらどう思うだろう。どんな気持ちになるだろう」**

・「それは不安だろうな。きっと不便で大変だろうな」
・「じゃあ、どうなればうれしいだろう。どうなれば安心できるだろう」
・「そのためにはどんな商品がほしいだろう。どんなサービスを望むだろう」

などとお客様のことを想像し、その立場に共感する。それがお客様を思いやるということになります。

そうすることで、②の「お客様の問題を解決できる商品やサービス」が見えてきます。いいえ、そうしなければ、お客様の本当のニーズは決してわからないのです。

お客様の身になって考え、お客様の立場でニーズを知り、それに応える。だからお客様のために、お客様が必要としているものを提供できる。

これが思いやりマーケティングのいちばんシンプルで、いちばん重要なプロセスになります。

意識のベクトルは常にお客様に向ける

お客様を思いやるとは、お客様の気持ちを優先し、大事にすること。思いやりという意識の「ベクトル」を、いつでもお客様に向けておくということです。

とはいえ、人間は本来利己的な生き物。誰だって自分が大事ですし、自分のためになることを最優先したいと思って当たり前です。

例えば自分にノルマがあれば、その達成を優先したくなるでしょう。利益を上げないと経営が苦しくなるなら、とにかく「売る」ことを考えるでしょう。言うならば、お客様以上に自分自身を思いやりたくなるもの。

ただ、だからといって、

・「ノルマが厳しいので買ってください」

・「会社の命運がかかっているので買ってください」
・「ネットワークビジネスで上のランクに行きたいから買ってください」

では、お客様の心はなかなか動かないでしょう。

なぜならその売り文句は、お客さんには何ら関係ないことだからです。ノルマや社運のために買ったところでお客様の問題は何も解決しないし、その人がランクアップしてもお客様は何ら満足できないからです。

「この人は何を見て自分にモノを売ろうとしているのか」をお客様はとても敏感に感じ取っているもの。

「自分の事情で買ってほしいから売る」「自分が喜びたいから売る」という自分本位のビジネスは、たとえそのときは結果が出たとしても継続は難しいでしょう。

やはり大切なのは思いやりのベクトルは自分に向けず、常にお客様に向けること。お客様本位で、お客様の事情に寄り添って、お客様の心を動かして売ることなのですね。

私は、「思いやりマーケティングは人のためならず」だと信じています。

お客様の身になって感情移入し、お客様が喜ぶものを売る。この姿勢でビジネスを続けていると、お客様に喜んでもらえることが、イコール自分自身の喜びになってきます。自分の仕事が、自分の商品やサービスが、お客様に喜びや笑顔をもたらせば大きな満足感や充実感も味わえるでしょう。

思いやりを持ったお客様本位のビジネスは、自分にも必ず喜びと笑顔をフィードバックしてくれるのです。

まず、お客様の「損したくない」心理にフォーカスする

悩みや苦痛、不便や不満などのネガティブな状況を解消し、喜びをもたらす商品やサービスを提供することで、お客様の信頼を得て「買いたい」と思って

もらう。これが思いやりマーケティングの基本的な考え方です。つまり、思いやりマーケティングとは「**お悩み解決マーケティング**」でもあるわけです。

もちろん、マーケティングには「これで、もっと楽しくなる」「これなら、もっと充実した生活が送れる」といったポジティブなメッセージで購買に結びつけるという手法もあります。というより、イメージ的にはこちらのやり方のほうが効果はありそうにも思えます。

でもそこで、あえてお客様の「**ネガティブな問題**」のほうにフォーカスしようというのが思いやりマーケティングなのです。

それには理由があります。

突然ですが、人が「行動を起こそう」と決断する要因は何だと思いますか？たくさんありそうですが、最終的には次の2つに集約されると考えられています。

ひとつは、「**快楽を得たい（いい気持ちを味わいたい）という欲求**」のため。

もうひとつは、「苦痛から逃れたい（嫌な気持ちを解消したい）という欲求」のためです。

そして、後者の「嫌な気持ちを解消したい」欲求のほうが、より強い行動要因になると言われています。

例えば、あるスマホプランをおすすめするとしましょう。

①このプランに加入すれば、年間3万円の通信費を節約できます。

②加入せず今のままだと、年間3万円の通信費を無駄に払うことになります。

のどちらのアピールが、より多くのお客様に「契約しよう」と思わせるでしょうか。

答えは②です。

①が「年3万円節約できる」という「得をする」ことをアピールしているのに対して、②は「加入しないと年に3万円損をする（今だって損をしている）。

だから加入したほうがいい」という「損の回避」をアピールしています。

この場合もお客様は、「損をしたくない。損を解消したい」という欲求をより重視するので、②のアピールのほうが、「加入したい」という気持ちを引き出しやすくなるのです。

もっと簡単に言えば、人は「得をする」以上に「損をする」ことを恐れ、「得をする」より「損をしない」ことを重視しようとする心理傾向があるということです。

・「お得に買えますよ」より「買わなきゃ損ですよ」
・「やせたらこの服が着られますよ」より「やせないと服が無駄になってしまいますよ」
・「この靴を履けばモテますよ」より「汚れた靴だとモテませんよ」
・「この枕ならぐっすり眠れますよ」より「合わない枕は不眠の原因になりますよ」

損とか不満とか不便とか不快とか――お客様が抱えている、もしくは今後起こり得るネガティブな状況にフォーカスして心情に寄り添い、その状況の解消を提供する。

思いやりマーケティングとは、やさしさや誠実さだけでなく、人間の心理や行動傾向の特性にかなった、ある意味とてもロジカルなマーケティング手法でもあるのです。

大切なのはお客様の「不」に共感すること

お客様が抱えている問題を大きく分けると、次の5つの「不」になると考えます。

・不満
・不安
・不便
・不快（不調）
・不都合

お客様の問題がどの「不」に該当するのかを見極め、それに共感し、その「不」を払拭して解消するようなマーケティングを実施するのが思いやりマーケティングなのです。

お客様の「不」を見つけることは、第2章で触れた「ペルソナ設定」にも直結します。

例えば、後述する視力回復機器の販売なら、ペルソナは「目が悪いことに『不便』を感じている人」ですし、健康食品やサプリメントを扱っているのなら、「今現在の体が『不調』な人、先々の健康に『不安』がある人」になります。つまり、「『不』の問題を抱えている人」という属性が、そのまま商品やサービスを届けたいペルソナになるのです。

以前、短大卒業後にアルバイトをしていた小さな会計専門学校で急遽、新規学生の募集をかけることになりました（その事情は23ページからをご参照ください）。私にとって初めてのマーケティング体験でしたが、最初に考えたのはやはり「その学校にとってのペルソナはどんな人か」です。

これはわかりやすいケースでした。公認会計士の資格取得のための専門学校の場合、そこに通いたいと思うのは「試験に受からず、資格が取れない『不安』や『不満』を抱えた人たち」一択ですから。その「不安、不満」を払拭できるようなマーケティングで集客を図ったところ、新規入学者が一気に倍増し、売り上げも大きくアップしたのです。

お客様となる人たちは、具体的にどんな不安を抱いているのかを考え、さらに考えるだけでなく「**自分がその立場なら、何を不安に思うか**」を想像してみる。

・「まわりがみんな合格しているのに、自分だけ取り残されているようで嫌」
・「自分にはこの資格は向いていないんじゃないか」
・「頭が悪いのか、勉強の仕方が間違っているのか、どっちなんだ」

――みんな、そうした不安を感じているのだろうな、と。

ペルソナとなる人たちが抱えているであろう「不」の思いに共感し、寄り添い、そしてお客様の心に刺さる言葉を投げかける。

人は「自分のことをわかってくれる人に心を開く」もの。だからこそ、人の心を動かす思いやりマーケティングには、**「不への共感」**が大事なのです。

「損はイヤ」「得したい」の両方にアプローチする

「まず、お客様のネガティブな状況、『不』にフォーカスする」のは思いやりマーケティングの基本ですが、さらに「買いたい」と思ってもらうためには、それだけではまだアピールが足りません。

やはり、人に行動を起こさせるもうひとつの要因である「**得をする**」「**いい気持ちになれる**」という面にもフォーカスして、ネガティブとポジティブ、ダブルでアプローチすることで、お客様の「買いたい」意欲はより大きく膨らんでいきます。

- **「お客様は何を不満に思っているのか。何に不便さを感じているのか」**
- **「この商品（サービス）で不満や不便を解消すれば、どんないい気持ちになれるのか」**

この「損&得」両方の視点を持ってお客様と向き合うことが大事なのです。

私は一時期、視力回復機器の販売をお手伝いしていたことがあります。私自身はそれほど目が悪くはなかったのですが、よく見えない状況を自分の身に置き換えて、視力が悪いと何が不便なのだろうか、何が不安なのだろうかと常に想像することを心がけていました。

- 「メガネがなければ人の顔がよくわからないのは不便だろうな」
- 「メガネを忘れたらクルマの運転ができないのは不便だろうな」
- 「冬にはすぐにメガネが曇って大変だろうな」
- 「メガネを買うのにもお金がかかるだろうな」
- 「メガネだとスポーツもしにくいだろうな」
- 「温泉やサウナに入ってもよく見えないから楽しみが半減するだろうな」
- 「万一の災害のとき、メガネを壊したりなくしたりしないかと不安になるだろうな」

次に、「じゃあ、視力が回復してメガネが不要になったら、どんなにハッピーな気持ちになるか」を想像します。

- **「メガネなしでドライブやスポーツができたら、もっと快適だろう」**
- **「サングラスなどのおしゃれも気軽に楽しめるだろう」**
- **「レンズの曇りを気にする煩わしさがなくなるだろう」**
- **「何をするにもメガネが不可欠という〝束縛〟から解放されるだろう」**

「視力が悪い不便さを味わいたくない＝損したくない」という気持ちに思いを馳せ、「視力が回復したときのうれしさ」を想像する。お客様の痛みと喜びを、わが身の痛みと喜びとして感じる感性が、「思いやり」になります。

そしてその思いやりをセールスやマーケティングにしっかりと反映するのです。そのお客様が感じるであろう2つの気持ちに寄り添ったアプローチによって、お客様に、「不便で困っていたけど、そんなハッピーな気持ちになれるのか。それなら試してみようかな」という購買意欲が芽生えてくるのです。

そうしたマーケティングからは「視力が回復します！」「0・2だった視力が1・2になります」「悩んでいる人はぜひお試しください」といった無機質なセールス文句にはない「**わかってくれている感**」や「**あたたかみ**」が伝わってくるからです。

売るのではなく、「**ネガティブ事情を解消する**」。
買ってもらうのではなく、「**ポジティブな気持ちになってもらう**」。

「**損を解消し、同時に得を提供する**」という双方向からアプローチすることが、「**お客様の問題や事情に寄り添う**」ということであり、思いやりマーケティングの本質なのです。

すべてのお客様を「公平に特別扱いする」

お客様と接するときに欠かせない意識のひとつが、人は誰でも、大なり小なり、自分を大切にしてもらいたい、特別扱いされたいという気持ちを持っているということです。「お客様」という立場のときはなおさらでしょう。自分がほかの人より軽く扱われているという不満を感じると、プライドが傷ついてしまうものだからです。

- **「どうしてあの人だけ？」**
- **「高い商品を買ってくれるお得意様だから？」**
- **「こっちだって客なのに」**

接客を受けているとき、「あからさまに特別扱いされている人」を目にすると、心のなかが「ザワッ」としてしまうのは誰にでもあることだと思います。

逆に、ほかの人よりも大切に扱われていると感じるといい気分になるのも人情ですが、それに慣れると、今度は、特別扱いされることが当たり前になってしまうケースも。繁忙期などで普段よりも少しあっさりめの対応をされると、それだけで大きな不満を感じてしまうようなことも起こり得ます。

ですからお客様に対しては「一部の人だけを特別扱いする」のも、「一部の人を蔑ろにする」のもＮＧ。常に「すべてのお客様に公平であること」がとても大事になるのです。


ただそれは、口で言うほど簡単なことではないのも事実です。ビジネスをしていれば、１００万円使う人と１０００円使う人がいたら、頭では公平が大事だと思っていても、つい１００万円の人を優先したくなるもの。私もかつてはそうだったので、その気持ちはよくわかります。

だから、私はこう考えるようにしました。「**すべてのお客様を、公平に特別扱いすればいい**」のだと。

それはつまり、お客様によって態度を変えないということです。「あの方は特別。この方は特別ではない」「あの方にはひいきをする。この方にはしない」という白か黒かの理論でお客様を見ようとすることが、そもそもの間違いのもと。

目の前のお客様のご要望に真摯に耳を傾け、笑顔になっていただきたいと願って、その時の状況に合わせた精一杯の対応をする。その姿勢と意識を変えずに、すべてのお客様一人ひとりと向き合う。それが「公平に特別扱いする」ということだと思うのです。

お客様を分類して対応や接客に「差をつける」のではなく、すべてのお客様一人ひとりに対して、その方に合わせたオーダーメイドな特別対応をする。「特別扱いしない」のではなく、「**分け隔てなく特別扱いする**」。そんな姿勢でお客様と接していれば、いつかきっと、一人ひとりのお客様があなたのことを「特別な人」だと思ってくれるでしょう。

商品ではなく「商品が生み出すハッピー」を売る

モノを売るのではなく「コト」を売れ――こんな言葉を聞いたことはありませんか？

モノは「商品やサービス」そのもののこと。そして、コトとは「その商品やサービスを買ったことで得られる価値」を意味します。

「モノを売るな、コトを売れ」は、**「商品そのものを売るのではなく、その商品がもたらす価値を売りなさい」**と言っているのです。

そうそう、そういうこと！――この言葉に私は大きな共感を覚えました。

お客様に商品を売るとは、その商品を使うことで体験できる「不の解消」、そして「いい気分」を買っていただいているということ。マーケティングのゴールとは、品物が売れることではなく、それによってお客様が喜んで笑顔になること――。そう考えていた私の思いが、まさにそのまま言い表されていたからです。

その商品によって、その人の暮らしや気分がどう変わるかまで、すべてをひっくるめて売るのがマーケティングです。

例えば、あるお客様が包丁を買ったとしましょう。もちろん、その切れ味やデザインなどが気に入ったから購入を決めたのだとは思います。でも、本当に手に入れたかった価値は、その新しい包丁を使うことで実現する、「楽しくてストレスのない料理づくり」という気持ちのいい体験なのですね。

つまりお客様は、新しい包丁そのものにではなく、「切れなくなった包丁の不便さの解消と、スイスイ切れる快適さ」という価値（＝業界用語で言うならベネフィット）に対価を払ったということになります。

スマホを買うお客様は、道具としての魅力以上に、そのスマホの機能を使ってできる「楽しいこと」「便利なこと」に価値を見出し、キャンプ道具を買うお客様は、道具そのものではなく、「その道具を使えばキャンプがもっと楽しくなる」という体験に価値を感じています。

たとえ「私はスペックや機能をいちばん重視して買う」という人でも、実は**「自分が気に入った思い入れのあるモノを手に入れた喜び」**という体験に価値を感じているのです。

「不満を解消して満足する」「抱えていた不安を感じなくなる」「不便なことが便利になる」――繰り返しになりますが、**「お客様の『不』を解消して『いい気分』に変える」**という価値を提供することで、商品やサービスを売るのが思いやりマーケティングの本質です。

そこには「この商品を購入することで、お客様にどんな体験や感動、暮らしの充実がもたらされるか」という視点が不可欠になります。

マーケティングとは、商品ではなく**「商品が生み出すハッピー」**を売るためのアプローチでもあるのです。

売らない思いやり、デメリットも先に言っておく思いやり

売りたい。売らなきゃ。売れなきゃ困る。ノルマや予算を達成しなきゃヤバい——。そんな「こちらの事情」ばかりに気を取られていると、「お客様の事情やニーズ」が置き去りになった、利己的で自分本位のマーケティングになってしまいます。

「お客様が求めていないものを、上手いこと言いくるめて買わせる」のはマーケティングでもセールスでもありません。それは、押し売りと何ら変わりません。お客様は不要なものを買わされ、売る側も信頼を失う。商品もその良さを発揮できない。誰ひとりとして得もしなければ、ハッピーにもなりません。

お客様が本当に必要としているもの、お客様が本当にハッピーになれるものを提供する。それがマーケティングの基本だとするなら、そうでないものは

「あえて売らない」という選択も重要になります。

たとえお客様が購入に前向きでも、売る側から見ると商品やサービスがそのお客様の事情やニーズにマッチングしていない、というケースは少なくありません。


よく言われるのが、「正直に『似合わない』と言ってくれる店員さんのいる洋服屋は信用できる」という例え話です。

本当に似合うものを買っていただきたい。だから目の前の売り上げはほしいけれど、無理やりには勧めない。「売りたい」のではなく、「似合うものを着てハッピーになってほしい」――こうした姿勢で接客していると、お客様は「この店（人）は、こちらのことをちゃんと考えてくれている。信頼できるから、買うならこの店で（この人から）買おう」という気持ちになります。

すると、その日は売れなくてもいつか必ず買ってくれる、そしてリピーターになってくれるもの。あえて売らないことが信頼を生んで、その先の「売れる」につながっていくのです。

もうひとつ、お客様からの信頼を得るマーケティングのために心がけたいのは**「商品のデメリットを伝える」**という姿勢です。

どんなにすぐれた商品やサービスにも弱点や欠点、デメリットはあるもの。操作は簡単だけど機能は限られる。安価だけどサイズが大きい。オシャレだけどサイズ展開が少ない――。良い点もあれば悪い点もある。欠点が何ひとつない「100％完全無欠の商品」などまずありません。

「この商品は、このサービスは、こんなに素晴らしいんです」――お客様には、自社商品やサービスの「いいところ」だけをアピールしたい。できるだけ良く見せたい。そう思うことは間違っていません。自信のある商品だったら、なおさらその思いは強いでしょう。

でも、いい面だけをアピールして欠点は黙っている、質問されても言葉を濁してうやむやにするといった姿勢では、お客様からの信頼を失いかねません。むしろ、最初から欠点についてもきちんと言及しておくほうが、信頼していただけることもあるのです。

なぜなら、その姿勢からは**「売り上げよりもお客様のメリットを優先してい**

る」という誠実さや正直さが伝わってくるからです。

最初に欠点やデメリットなどのマイナス要素を伝え、そのあとで「いいところ」をしっかりアピールする。欠点を隠さないという誠実さは、そのあとの「いいところアピール」の信用度をグンと高めてくれるでしょう。

・「ん～、マズい。もう一杯！」

――若い人は知らないかもしれませんが、これは昔はやった青汁のテレビCMのキャッチコピーです。

自社商品なのに堂々と「マズい」とデメリットを伝え、でもそれ以上に健康にいいというメリットがあるから、「もう一杯」と続く。

このCMで、この会社の青汁は一気に人気商品となりました。欠点を先に提示することで信用を得た、見事なマーケティングだったと思います。

ほかにも例えば、

・「少し値は張りますが、使い込むほど味わいが増す一生モノですよ」
・「他社製品より若干重いのですが、それ以上に安定感があります」

こう言われたら、欠点よりも「一生モノ」「安定感」というアピールの信用度のほうが高くなるんですね。


お客様のニーズとマッチングしていない商品は、あえて売らない。

商品の欠点は、あえて最初に伝える。

こうした姿勢はどちらも、私が理想としている「正直者が報われ、誠実な人がバカを見ないビジネス」の手法であり、思いやりマーケティングのあるべき姿でもあるのです。

第4章

リピーターをつくる「思いやりアフターフォロー」

ビジネスの土台を支えるのは「リピーター」

どんな分野のビジネスでも、マーケットを拡大して新しいお客様を見つけることはすごく重要です。ビジネスを始めたばかりの時期はとくにそう。そもそもお客様がいないわけですから、必然的に新規のお客様の獲得に乗り出すことになります。

ただ、新規客の集客ばかりに力を注ぐあまり陥りやすいのが、「一度買ってくれたお客様へのフォローが疎かになる」「一度問い合わせをしてくれたお客様への対応が後回しになる」といったケースです。なかには、

- 「1回でも買ってくれさえすれば、売り上げになるからそれでいい」
- 「すでに買った人より、これから買う人を見つけるほうが大事」
- 「新規客を探さなければ、売り上げは伸びない」

という考え方もあるかもしれませんが、それは大きな間違い。継続的に利益を上げてビジネスを安定させるには、むしろ新規客の獲得以上に、一度買ってくれたお客様に「リピーターになってもらう」ことのほうが効果的なのです。

改めて説明しますが、リピーターとは「商品やサービスの価値を知って愛着を抱き、繰り返し継続的に購入（利用）してくれるお客様」のこと。

リピーターになってくれたお客様と中長期的に良好な関係性をキープできれば、毎回〝1回こっきり〟の新しいお客様を獲得する以上に、低コスト・低労力で売り上げを得ることができるでしょう。

マーケティング関連の本にも「新規のお客様を獲得するためのコストは、既存のお客様を維持するコストの5倍かかる」「売り上げの8割は2割のリピーターが生み出している」など、リピーターの重要さを証明する〝法則〟が紹介されています。

でもそうした理論の問題ではなく、もっと単純に、「一度出会ったお客様とつながり続ける姿勢」こそが、売れるビジネスの本質だと私は考えています。

一度、ご縁のあったお客様との接点を大事にして自社商品に愛着を感じてもらい、その商品の、その商品を扱う会社の、その商品を売る担当者の〝ファン〟になってもらう。

こうしたリピーターの存在が、ビジネスの安定と継続をもたらす基盤になるのです。

リピーターが新たなお客様を連れてくる

最近よく耳にする「推し」という言葉があります。「誰かに推薦したいと思うほど好きで気に入っている、自分にとっての特別な存在」のことで、アイドルやキャラクターに対して使われているのは、みなさんもご存じかと思います。

実はこの「推し」、マーケティングの際にも非常に重要なキーワードになるんですね。なぜなら、リピーターのなかには自社商品のファンになって「推して」くれるお客様も出てくるからです。

・「このブランドの商品はおすすめ。間違いないよ」
・「あの商品、ずっと使ってるけど、すごく使いやすいよ」
・「この店、絶対におすすめ。何回行っても味もサービスも最高！」

提供する商品やサービスを「推し」てくれるリピーターは、自分が繰り返し買うだけでなく、普段の会話やSNS、WEBサイトの口コミレビューなどを通じて、その商品のPR活動を請け負ってくれる可能性もあるのです。

リピーターが増えれば、それだけ自社商品を広めてくれる「インフルエンサー」が増えるということ。商品の情報、しかもポジティブな「推し情報」が広く拡散すれば、それだけでも新規客を獲得するための大きなサポートになります。

実際、私の会社が運営するセミナー会場でも、リピーターのお客様と初めて

参加されたお客様との間で、

・**「やまとさんのセミナーは毎回、本当にためになるんですよ。それにほかの講師の方のお話もおもしろいから、いつか、そちらもぜひ」**

・**「そうなんですね。今回、○○先生のお話が聞きたくて初めて参加したんですけど、次は△△先生のセミナーにも参加してみようかしら」**

といった会話が交わされている光景を何度か目にしています。

こんなにありがたいことはありません。お客様がご自身でわが社の商品（セミナー）を宣伝してくださるのですから。すぐ近くにいる人からの口コミによる宣伝PRには、ときに大金を費やして行う大掛かりなプロモーションを超える大きな効果があります。

わが社のセミナー運営ビジネスがここまで大きく成長できたのも、こうした〝やまと推し〟をしてくださるリピーターの方々のおかげ。みなさんには本当に感謝しています。

新規客を1回こっきりで手放さず、つながりを維持し続けてリピーターになってもらう。そのリピーターに商品を「推して」もらうことで新規客を獲得していく。獲得した新規客とも良好なつながりを続けて——。自然に売れるビジネスとは、こうした好循環をつくることでもあるんですね。

お客様に気に入っていただき、お客様ご自身でその価値を拡散していただく。自社商品を推してくれるファン（リピーター）の存在は、それだけでその商品やその会社の信用の証になります。そして、そうしたお客様を増やしていくことこそが、会社にとって最大のブランディングになるのではないでしょうか。

「売ったら終わり」「売りっぱなし」では続かない

「釣った魚には餌をやらない」——よく言いますよね。新規客の獲得ばかりに力を注いで、一度買ってくれたお客様をフォローしないようなマーケティングは、まさにこれ。釣ったら釣りっぱなし。売ったら売りっぱなし。これではせっかく釣れた魚（出会えたお客様）も死んで（離れて）しまいます。

契約を決めるまでは何度も足しげく通ってくれて、あれこれ対応してくれたのに、「それじゃあ」と契約を交わした途端〝なしのつぶて〟になる自動車のディーラー。

購入するまでは毎日のようにプランの提案をしてくれたのに、一度契約したらパタッと連絡が来なくなる保険屋さん――。

- 「売ったらおしまい。はい、次」
- 「契約が取れてノルマ達成、ああ良かった」
- 「買ってくれたんだから、あとはどうでもいい」
- 「買ってもらうことがゴールで、気持ちはもう次の新規客のほうにばかり向いている」

――なんとドライでビジネスライクな考え方でしょうか。そして、なんともったいないことでしょうか。

「クルマなんて、そう何回も買い替えないでしょ」「保険なんて、そんなすぐには見直さないでしょ」――そう思うかもしれませんが、果たしてそうでしょうか。

確かにその人が今すぐに買い換えたり、見直したりする可能性は低いでしょう。でも数年後になればわかりません。そうなったとき、そのお客様は「売れたらあとはどうでもいい」と考えている営業担当に、「今度もまた」とお願いしようと思うでしょうか。

もし、その人の家族や知り合いがクルマを買おうと思ったとき、保険に入ろうと考えたとき、もしお客様とつながりが切れていたら、「じゃあ、また君に」と紹介してもらえるチャンスをみすみす逃すことになります。

そう、「売りっぱなしは客失い」という格言があるかどうかはわかりませんが、売ったっきりでフォローもなしでは、そのお客様をリピーターにできないだけでなく、そのお客様の〝向こう側〟にいる別の新たなお客様まで失ってしまうのです。

お客様に買ってもらって、契約してもらって、それで「ゴール」ではありません。ビジネスが新規客以上にリピーターによって支えられているのならば、むしろ「買ってもらったあと」がビジネスの本当の「スタート」なのですね。

「売りっぱなし」で放っておかれたお客様は絶対にリピーターになってはくれません。ましてや、商品や会社のファンになることも、「推し」てくれることもあり得ないでしょう。

マーケティングやビジネスを成功させるカギは、アフターフォローの徹底にあります。お客様が誠実さを感じるか、信頼感を覚えるかは、「買ったあと」の対応次第だということを忘れてはいけないのです。

農耕型マーケティングのすすめ

マーケティングのやり方は、よく「農耕型」と「狩猟型」に分けられます。

狩猟型は、とにかくひたすら獲物（新規のお客様）を探し続け、獲物を見つけたら一気に狩りをして成果を得る手法です。1回売れたら、次の新しい獲物を探してまたアプローチして——というスタイル。

対して農耕型とは、畑を耕して種をまき、それを育てていく農業のように、お客様との関係性を重視して地道に売っていくスタイルです。

どちらもそれぞれにメリットとデメリットはあるのですが、私は、「マーケティングとは農耕型であるべき」と思っています。

そもそも、お客様を「獲物」とみなして「仕留める」狩猟型よりも、「信頼」という種を育てて「収穫」する農耕型のほうが、私の性に合っているんですね。

狩猟型といえば、一時期「プロダクトローンチ」というマーケティング手法が流行しました。商品を発売する前から見込み客に少しずつ情報を発信して購買意欲を高め、発売直後などの一定期間に一気に売り込みをかけて大きな売り上げをつくるというもの。

なかには無料体験会に大勢集め、一気に何百万円もの高額商品を売り切るといったビジネスもありました。新規のお客様を1か所に追い込み、一気に矢を射かけて一網打尽にする――。確かに瞬間風速的な売り上げは大きくなるでしょう。

でもそれは、お客様の顔が見える息の長いビジネスにはなり得ません。

農業とは、「種をまく→水や肥料を与えて育る→実らせて収穫する→収穫した作物の種をまく→育てる→収穫する」という循環によって成り立っています。

マーケティングも同じこと。一度買っていただいた（種をまいた）お客様にアフターフォローをして（水や肥料を与えて）、実らせて（関係性を築いて）、収穫を得て（また買っていただいて）、今度はその種をまく（リピーターになっていただく）――。

短期的に見れば、大きな売り上げにはならないかもしれません。それに収穫を得る（売り上げにつながる）までには、ある程度の時間や手間がかかります。

しかし、一度、畑の土壌が育てば（お客様に信頼され、ファンになってもらえれば）、安定的に収穫を得る（継続的に買ってもらう）ことができるのです。

もちろん、狩猟型がすべて悪いというわけではありません。でも、お客様と信頼関係を築き、リピーターになっていただいて息の長いビジネスをしたいのであれば、農耕型のマーケティングを選択してほしいと思います。

「覚えていること」から始まるリピーター・マーケティング

一度買っていただいたお客様、一度ご来店されたお客様、私の仕事なら「一度セミナーに参加してくださったお客様」を忘れずに覚えている――。これはビジネスの鉄則であり、思いやりマーケティングの鉄則でもあります。

以前の私がお客様を「1本、2本」という契約本数で数えていたこと、ある出来事をきっかけにしてお客様の顔が見えるマーケティングを心がけるようになったことは、すでに本書のなかでお伝えしました。

仕事に向き合う自分の姿勢を正そうと決意して、最初に実践したのが「お客様のことを覚える」ことでした。お客様は誰でも、多少なりとも「売り手から気にしてもらいたい」と思っています。自分に置き換えればよくわかります。

- 「お店に行って『あ、○○さん』と名前で呼んでもらえたらうれしい」
- 「前回来たときに何を買ったのか、覚えていてくれたらうれしい」
- 「そのとき何を話したのか覚えてくれているとうれしい」
- 「誕生日や家族構成など会話で出てきたちょっとしたことを覚えていてくれるとうれしい」

――みなさんもそうではないでしょうか。

なかでも「**名前**」は大事です。名前で呼ばれると、自分が相手の記憶に残っていると思えてちょっぴりうれしくなる。「自分に関心を持ってくれている」「大事にされている」と感じて、親近感がグンと増す。お客様の名前を覚えて、名前でお呼びするのは、どんなビジネスにおいてもすごく大切なアプローチなのです。

第3章で、すべてのお客様を「**公平に特別扱いする**」ことが大事だと申し上げましたが、名前を覚えて名前で呼ぶことは、まさに「特別扱い」の基本なのですね。

名前を覚えることは、そのお客様とその場限りではない関係性を築くための第一歩だと私は考えています。

おもしろいもので、名前を覚えたお客様に対しては自然とこちらからの気配りも行き届くもの。セミナー運営をしていても、「○○さん、今回のセミナーを楽しんでくださったかしら」「△△さん、よく勉強されていてすごいな」などと、ふと思うことがあります。

やはり第3章で「意識のベクトルを常にお客様に向ける」ことが思いやりマーケティングの基本だと書きました。

お客様の名前を覚えることは、商品を提供する側の私たちがお客様にしっかりと意識のベクトルを向けることにもなるのです。

- 「○○様、いつも参加していただいて、ありがとうございます」
- 「あ、久保田さん。いつも楽しみにしているんですよ」

名前を覚えて名前でお呼びする。その姿勢でお客様と向き合っていれば、今度はお客様から「名前で呼んでいただける人」になれるでしょう。お客様とのつながりとはそうやって築いていくものであり、リピーターとはそうやって生まれてくるものなのだと、私は思っています。

クレーム転じて〝ファン〟となす

お客様と向き合うビジネスにはクレームがつきものです。とはいえ、クレーム対応が好きという人はそうはいないはず。憂鬱だし、気が滅入るし、できれば避けて通りたい。上手くやり過ごしたい。そう思ってしまう気持ちもわかります。

でも、放置したり適当にあしらったりと、クレームの対応を間違えると、会社や商品のイメージダウンになるだけでなく、リピーターやその背後にいる潜在的な新規のお客様まで失ってしまう結果になりかねません。

もちろんお門違いの勝手な理屈を振り回し、理不尽な要求を押しつけてくるモンスタークレーマーには毅然とした態度が求められます。でも、真っ当な理由がある〝正しいクレーム〟に対しては、面倒くさがらず、怖がらず、背を向けずに向き合うことがとても大切になります。

おかげさまで、今の仕事でクレームを受けることはあまりないのですが、それでもときにお客様からお叱りや苦言をいただくこともあります。

そんなときは月並みですが、まず**「真摯な姿勢で対応すること」**。この一事に尽きます。

それは、ちゃんとしたクレームには、売り手にとって成長の糧となるようなヒントや学びが存在しているからです。

お客様はなぜ、商品（サービス）に満足されなかったのか。何が足りなかったのか。どこに不満があったのか。クレーム対応とは、自社の商品だからこそ見えにくくなっている欠点、自分では気づきにくい接客や応対での落ち度など、自分たちでは気づくことができなかった改善点に気づくための絶好の機会でもあるのです。

私は、お客様からのクレームへの対応も、重要なマーケティングの一環と考えています。

不安を安心に変える、不便を便利に変える、不快を快適に変える——。思い

やりマーケティングの本質は、お客様の「不」を解消することにあります。

クレームを言ってこられたお客様は、自分たちの商品やサービスに不満や不快といった「不」を感じていらっしゃるということ。

ならば、クレーム対応によって「不」を取り除き、納得していただくこともまた、マーケティングと言えるのではないでしょうか。

何によって、どんな「不」の気分になってしまったのか。

クレーム対応にはもちろん「嫌な気分にさせてしまい、申し訳ございませんでした」というお詫びの姿勢が欠かせません。

でも、ただ頭を下げるだけでなく、クレーム対応のやり取りから「不」の気分を引き起こした原因を探り出して、今後のビジネスにフィードバックすることも重要なのです。

マーケティング業界には「グッドマンの法則」なるものがあるそうです。恥ずかしながら私も最近初めて知ったのですが、「クレームを伝えてきたお客様は、真摯で迅速な対応をすることで、再び買ってくれる確率やリピーターになってくれる確率が高くなる」のだそうです。

クレーム転じて〝ファン〟となす——。法則名はともかく、「クレームに真摯に向き合うことが、お客様との関係を強くする」ことは心に刻んでおきたいものです。

第5章

価値が伝わる「思いやりライティング」

セールスレターも「思いやり」が9割

マーケティングを成功させるために欠かせないとても重要なスキルのひとつが**「セールスレターのライティング」**です。

セールスレターとは、企業のホームページやブログ、メルマガ、DM、街頭やポスティングで配布するチラシ、新聞の折り込み広告などに掲載される**「商品を売るための広告用の文章」**のこと。

商品やサービスの特徴を端的に表現する情報を的確に盛り込み、読んだ人から「買いたい」「買おう」という購買意欲を引き出す――そんな効果的なセールスレターが書ければ、ビジネスの成功はぐんと近づきます。

とはいえ、理屈ではわかるけれど「文章を書くのが苦手」「すごく難しそう」と及び腰になる人もいるかもしれません。その気持ちもよくわかります。

もちろん「売れるセールスレター」を書くためには、ある程度のテクニック的なものは必要になります。でも、それは決して難しいことでもなければ、生まれ持った才能がある人にしかできないことでもありません。いくつかのコツを知り、ポイントを学べば、誰にでも身につけることができます。お世辞にも頭がいいとは言えない、どちらかと言えばポンコツの私でさえできたのです。心配はいりません。

むしろ、テクニック以上に大切なのは、ここでもやはり「思いやり」の意識です。

思いやりマーケティングの基本は「お客様の悩みや不安を解決して喜んでもらいたい、という心の底からの動機によってお客様を購買行動に導く」こと。それは、セールスレターの作成にも、そのまま丸ごと当てはまります。

この商品やサービスで、お客様のどんな不安や不満を解決できるのか。お客様はどれだけ便利さを実感してくれるのか。お客様はどのくらい心地よさを感じてくれるのか。

常に「お客様が喜ぶ姿」をゴールとして思い浮かべて書くセールスレターは、

「売りたい」「売らなきゃ」という自分本位の文章とは伝わり方が大きく違ってくるものです。

お客様と対面で説明し、質問や要望を直接聞ける営業セールスと違って、セールスレターは「こちら側が書いた文章をお客様が読む」という一方通行のスタイルです。お客様はレターに書かれたメッセージを〝一方的に〟受け取るだけ。

だからこそお客様は、その文面が「売りたい」一心の自分本位なものなのか、こちらの立場になって、こちらの気持ちを理解して書かれたものなのかにすごく敏感なのです。

「思いやりライティング」私の最初の成功体験

私が初めて「思いやりライティング」の重要さを実感したのは、まだ今の会社を設立するずっと前、短大卒業後にアルバイトをしながら勉強していた小さな会計専門学校が経営危機に陥ったときのことでした。

詳細は第1章にも書きましたが、多額の借金を抱えてにっちもさっちもいかず、翌月に60万円を売り上げなければ賃貸料が払えずに学校が倒産するしかないというギリギリの状況に追い込まれていました。専門学校の売り上げとは入学金や授業料で、マーケティングとはイコール「学生集め」です。その学生が集まらないことで経営が傾いてしまったわけです。

崖っぷちに立たされたバイト先兼勉強の場のために「何か力になりたい」と思った私は、書店で見つけた神田昌典さんの著書に感銘を受けました。そしてそこに書かれていたマーケティング手法を素直に実践したところ、1か月後に必要な60万円を売り上げることに成功。しかもその翌月は売り上げ200万円、半年後にはなんと月商2000万円を達成し、借金も完済することができたのです。

その学校経営の立て直しに大きな効果をもたらしたのが、学生集めのために作成・配布した「**チラシ**」でした。

当時の私にはどんなチラシなら学生が集まるか、売り上げが上がるかなどわかるはずもありません。ただ、大手の専門学校と同じようなチラシを配ったところで、とても効果は期待できないとは感じていました。

そんな私が蒙《もう》をひらかされたのが、神田さんの著書から学んだ「**人の感情を動かす、人の感情に訴える**」ことの重要さだったのです。

そこで、まずそれまでの〝大手のパクリ〟をやめました。そして、必死になって資格取得を目指す受験生（お客様）の気持ちになって考え、その人たちが「今抱えている悩みや不安」をキャッチコピーにしたチラシをつくりました。

専門学校に通おうと考えている人（お客様）は、全員が年1回の公認会計士の試験に失敗し、来年また挑戦しようと考えています。そして当然、全員が「次、試験に受かるかどうか」という不安を抱えているはず。

ならば、まずはその不安に寄り添うことを考えました。よくありがちな

・「君を合格に導く！」
・「目指せ、公認会計士！」
・「夢をかなえよう！」

といったカッコいい文言ではなく、

・「このままずっと不合格だったらどうしよう……」
・「今の勉強の仕方で大丈夫だろうか……」

のように、受験生の今の不安な感情を想像し、「そうそう、そういう気持ちなんだよ」と思ってもらえる表現を大きく前面に押し出したチラシを作成したのです。

また、「まだ公認会計士の勉強はしないでください！」「1年で合格するなんて、そんなうまい話があるわけないだろ！」といった、受験生が一瞬「えっ？」と足を止めるコピーを大きくしました。

効果はてきめんでした。学校の入り口前や試験会場など、受験生がよく通る場所を選んで看板とチラシをセットで設置していたのですが、それまでほぼ見向きもされなかったのに、チラシの文言を変えてからは多くの人が持ち帰ってくれるようになりました。

チラシを見て問い合わせをしてくれた人に学校の詳細なパンフレットを郵送するという方法を実践したところ、新規の学生さんが集まり始めたのです。

第3章でも書いたように、人は「快楽を得るより、現在抱えている問題を解消する」ために行動を起こそうとするものです。

いちばん最初に目にとまるコピーを『このまま不合格だったらどうしよう……』という寄り添いの文言にしたことで、受験生の心のなかに「この学校は自分たちの気持ちをわかってくれている」という信頼感が芽生え、それが集客につながった――。

この成功体験が、「思いやり」を持ってマーケティングをするという私の仕事観の土台になっているのです。

ただ書くのではない。読んでくれる人を想像して書く

お客様の心に寄り添ったセールスレターを書くために欠かせないのは、「読んでいるお客様の身になって考えること」です。

でもそれって言うのは簡単だけれど、いざ実践するとなると「どうすればいいのかわからない」となりがちです。

私も最初は上手くできませんでした。

倒産寸前の会計専門学校を立て直した後、神田昌典さんのアシスタントとして仕事のお手伝いをしながら、マーケティングスキルを学んでいた時期があったこともすでにお伝えしました。

そこでは「この商品を売るためのセールスレターを書く」といった宿題が出ることもあるんですね。でも、私がレターを書いて提出すると、そのたびに「うー

ん」と唸ったあと、バツ印で真っ赤に添削されて「こんなのはどう?」と圧倒的に優れたコピーを入れて返されました。

神田さんの添削で常に指摘されていたのが「優子ちゃんは、レターを読む相手のことを想像してないんだよ」ということでした。

例えば相手はこのレターを、

・お風呂上がりのリラックスタイムに読むのか。
・仕事が終わって家族団らんの時間に読むのか。
・ランチを済ませたあと、喫茶店でコーヒーを飲みながら読むのか。
・会社への行き帰りの通勤電車のなかで読むのか。

というように、その人がどういう時間に、どういう状況下で読むのか。そこまでを想定しながら書くことが大事なのだと。

そうすることで、ほかの誰でもない「自分のために」書かれたことなんだと、相手も自分事として捉えてくれます。

私はよく季節や天候の話を書くことがあります。

例えば、日本にいる方向けのレターを猛暑の日の夕方に出すのだったら、

・**「今日は暑くて溶けてしまいそうな陽気でしたね。夕方になって少し気温は下がりましたが、今は涼を取られていますか？」**

これを寒い国の居る方に出したら、冒頭からまったく共感を得られないどころか、読むのをやめてしまわれるでしょう。

また、誰もが興味を持っているエピソードはその興奮を一緒に味わえるので使うことがあります。

例えば、野球のＷＢＣで日本が優勝したときの日のお昼に出すのだったら、

・**「お昼のWBC日本優勝のニュースの興奮が冷めやらぬうちに、このお手紙を書いています。本当に感動しました!!」**

という出だしなら、「そうだよね！」と一緒にうれしくなって読んでくれるかもしれません。
自分にも関係あると思ってもらえるように、相手の置かれている立場を想定して考えてみる。これは思いやりマーケティングの根本の部分になります。

私は茶道を習っていて、お道具の置き場所を畳の3目3目に置くなど、細かい所作を覚えないといけないのですが、それに夢中になっていると、「**お客様においしいお茶を飲んでもらう**」という大事なことがすっぽり抜けてしまい、よく師範にご指摘をいただきます。

- **「いいかい、相手がお茶を飲んでおいしそうな顔をしたのを見届けてから、次の所作に移るんだよ。機械的にやってはいけないよ」**

それもじろじろ顔を眺めるのではなく、横目でそっと確認する。
また、襖《ふすま》を閉めた状態で、お客様の動作を予想して襖を開けるという場面では、もはや相手が見えないため相手の息遣いを察するしかありません。

茶道では、思いやりが常に先に立つようにしなさいと教わりますが、まさにマーケティングでも同じようにお客様の気持ちを「**察する**」ことが鍵になっています。

小学生でもわかる簡単な言葉を使う

読む人（お客様）の身になって、思いやりを持って書くとはどういうことか。
お客様の心に届いて、高い効果が得られるレターを書くためのポイントは何か。
まず最初に意識すべきは、「**わかりやすく書く**」ことです。
例えば、「意識が高そう」なイメージを与えようと、あえて小難しそうな専門用語を多用したセールスレターを書く人がいます。

でも、これは大きな間違いです。

専門用語というのは、あくまでもその業界に身を置くプロたちが使う言葉です。でもセールスレターは〝業界紙〟ではありません。学術論文でもなければ、専門分野のレポートでもありません。セールスレターを読むのは業界のプロどころか、その業界のことなどほとんど知らない一般の人たちなのです。

その人たちを相手に専門用語を並べ立てるのは、「理解してもらおう」という意識の欠如であり、自分本位でひとりよがりなマーケティングと言っていいでしょう。


同様に「コミットする」とか「アジェンダ」といった、いかにもカッコよさげなカタカナ語を使いたがるケースもよく見られますが、これもレターのなかでは浮く可能性があります。

コミットするなら「責任を持って約束する」でいいし、アジェンダなら「会議の議題」でいいのです。

・「このくらいの言葉は、普通の人でも使っているでしょ」
・「テレビなどでもよく使われるから、みんな知っているはず」

その発想自体が、すでに「思いやり」に欠けていると思いませんか。

私がセールスレターを書くとき、わかりやすさの基準として常に意識しているのは「小学生でもわかる」ということです。例えば、

・「脆弱」ではなく「もろい、弱い」と書く
・「詳細に」ではなく「詳しく」と書く
・「危惧」ではなく「心配、不安」と書く
・「余剰」ではなく「あまり」と書く

「これどういう意味だっけ?」という言葉に行き当たることは、読み手にとって少なからぬストレスになります。人によってはそのストレスを感じた時点で

「もういいや」と読むのをやめてしまうかもしれません。

だからこそ、専門用語やカタカナ語を乱用せず、なるべく平易で簡単な言葉で、誰もがわかるように書く。これが「読む人の身になって書く」ということなのですね。

読む人の身になって書式を考える

折り込みチラシやホームページなどを見ていて、「カラフルで美しいけど、なんだか読みにくいな」「派手でゴージャスだけど、文字がよく見えないな」などと感じた経験はありませんか。

セールスレターも商品やサービスのブランディングの一端を担っていると考えれば、ある程度はデザインに凝ることや、オシャレさ、ハイセンスさも必要かもしれません。

ただ、間違えてはいけないのは、セールスレターは「そこに書かれた文章を読ませるためのもの」であり、「読んでもらって、内容が伝わってナンボ」だということです。

例えば、高齢者に設定したペルソナに向けてセールスレターを書くときには、まずフォント（文字）のサイズに気を配ることが大事になります。若い世代相手なら小さい文字でも問題ないでしょうが、高齢者の場合は「字が小さくて読むのに疲れちゃった」「老眼鏡なしじゃ読めない」ということが起こり得るからです。

「メガネをかけなきゃ読めないなら、もういいや」と思われたら、どんなに優れたレターでも意味がありません。

また、やたらと色をたくさん使ってデザインし、「目がチカチカして読みにくい」と言われるケースも。以前、マーケティングのコンサルをした際に「黄緑色の地色にピンクの文字」という斬新な色遣いのセールスレターを見せられ、思わず「読んでみましたか？　お客様の立場に立つと苦痛じゃないですか？」と申し上げたことを覚えています。

色だけでなく、明朝、ゴシックなどフォント（文字）スタイルの使いすぎも、レター全体をゴチャゴチャさせ、読みにくさをアップさせてしまいます。

新聞や雑誌、書籍のほとんどがそうであるように、セールスレターも「**白系の地に黒い文字**」、そして「**使うフォントは2種類以内**」。これが「見やすさ」の基本です。

カッコよく見せるよりも、スムーズにストレスなく読んでもらう。読む人への思いやりの意識は、まず「セールスレターの書式」に対しても向けるべきだと思います。

気分がいいときに、勢いで一回書いてみる

セールスレターは「シズル感」が大事――師匠（神田昌典さん）の言葉です。シズル感というのは「五感を刺激するような瑞々しい臨場感」のこと。広告写真の撮影などでよく使われる言葉で、水滴を効果的に使って野菜やフルーツの新鮮さや飲み物の冷たさを強調したり、鍋から立ち上る湯気で熱々のおいしさを表現したりと、シズル感を感じさせる撮影テクニックはさまざま。そもそも「シズル」の語源は、肉を焼くときの「ジュージュー」という音を表す「sizzle」なのだそうです。

いかにもおいしそう、いかにも新鮮そう、いかにも目の前で焼いていそう、というリアルな臨場感を抱かせる感覚がシズル感になります。

そして、お客様の心に届くセールスレターを書くためには、キャッチコピー

やセールスコピーにもシズル感が不可欠だというのです。

例えば、「コトコト煮込む」とか「キンキンに冷えた」といった擬音語や擬態語を活用したり、「バケツをひっくり返したような雨」とか「東京ドーム○個分」といった比較や比喩を使って強調したりと、シズル感を演出するライティングのテクニックもいろいろあります。

でも、それ以上にわかりやすく、シンプルに、特別な技術を習わなくても、誰にでもシズル感を表現できる方法をお教えしましょう。

それは「**気分がいいときに書く**」ことです。

文章には、書いた人のそのときの気分が投影されてしまうもの。いいことがあって気持ちが弾んでいるときの文章には楽しそうな雰囲気が、落ち込んで気分が乗らないときの文章には元気や覇気のなさが、にじみ出てしまうものなのです。

これは文字でも同じで、書道をやっている知人に聞くと「文字には書いているときの気持ちがそのまま表れる。気持ちが乗っているときに書くほうがいい字が書ける」のだとか。
神田さんのもとでセールスレター・ライティングの修行をしていたときにも、

・「間違いじゃないんだけど、読んでてワクワクしてこないんだよね」
・「なんだか、つまらなさが伝わるよ」
・「書かなきゃいけないという悲壮感を持って書くと、それが文章に出ちゃうんだよ」

などと、よく指摘されたものです。

お客様をハッピーにするための、笑顔にするための商品を紹介する文章を、気分がローな状態で書いても、読む人の心には刺さらない、ということです。
つまり、シズル感のある文章とは、「ワクワクするような感じ」がにじみ出て、書き手の前向きな心情が伝わってくる文章のこと。そうした文章を書くには気分が乗って、テンションが上がっているときがベストなのです。

また、セールスレターを書くとき、点やマル（句読点）はここでいいのか、「てにをは」がおかしくないかといった些末なところばかりを気にする人が少なくありません。でもそれだと、書き手のテンションがどんどん下がってしまい、〝こじんまり〟まとまった、勢いのないレターにしかなりません。

〝きっと喜んでもらえる〟と気持ちが高揚していると、文章もスラスラと出てくるはず。そういうときは勢いに乗って、1回、バーっと最後まで全部書いてみるといいでしょう。細かいことは気にせず、気分に任せて書く。「てにをは」とか誤字・誤変換などは、そのあとで直せばいいのですから。

とにかく、セールスレターは、テンションを上げて前向きな気分で書く。そこから「楽しそうに書いている」というシズル感が生まれてくるのです。

共感ベースのYuko's「PASONAの法則」

PASONAの法則――マーケティングを勉強したことがある人なら、きっと誰もがこの言葉を聞いたことがあると思います。

PASONAの法則とは、私の師であり、日本のトップ・マーケターとして知られる神田昌典さんが広めた、「お客様の購買行動を促しやすい伝え方を示した法則」です。

そして、その基本的な考え方は、

①最初にお客様が抱えている問題点を提示する

↓

②次にその解決法を提案する

という構成でセールスレターを書くことで、読む人（お客様）を「買おう」という購買行動に導くというものです。

「お客様の問題（不満や不安、不便など）ありき」で、それを解決するための商品・サービスを紹介するという考え方は、まさに私が実践している「思いやりマーケティング」や、本章で紹介している「思いやりライティング」の基本理念と一致しています。

ここでは、思いやりマーケティング&ライティングのベースとなっているPASONAの法則について、詳しく解説していきます。

そもそも「PASONA」とは、以下の6つの単語の頭文字を取って〝売れるレターを書くためのステップ順〟に並べたものです。

Step① Problem（問題点の明確化）
Step② Affinity（親近感）
Step③ Solution（解決策の提示）
Step④ Offer（提案）

Step⑤ Narrow（絞り込み）
Step⑥ Action（行動）

どうすれば人は「モノを買おう」と思うのか。何を、どんな順番で書けば、読んだ人を「買う」という行動に導けるのか。そんな人間の普遍的な心理を分析し、探求することで編み出された「読んで買わせる究極のセールスレターの書き方」と言えるでしょう。
次に、①から⑥までのステップごとに「売れる書き方」のポイントを紹介していきます。

STEP 1 Problem（問題点の明確化）

「あなたは今、こんなことに悩んでいませんか？」

この商品を必要としているお客様はどんなことに問題を感じているのだろ

う。お客様に意識のベクトルを向けて、お客様が抱えている〝不〟のネガティブ感情（不満・不安・不足・不快・不都合など）を浮き彫りにします。

大事なのは、お客様の立場になって、そのネガティブ感情を〝自分のこと〟のように考え、理解することです。

人の悩みごとの9割は「健康」「人間関係」「お金」にまつわることだと言われています。その悩みについて、どんなネガティブな気持ちがあるかを相手の立場に立って書きます。

ダイエットに悩んでいる方へパーソナルトレーニングを紹介するなら、

- **「やせなきゃいけないと思っているのに、どうしても食べすぎてしまうと悩んでいませんか？」**

といった具合です。

抱えている悩みを明確に、具体的に指摘されると、お客様は「これって私のことだ」と感じます。このセールスレターには「自分に関係のあることが書かれている」と思ってくれれば、興味を持って読み進めてもらえるでしょう。

STEP 2

Affinity（親近感）

「わかります。それってみんな不安になりますよね」

問題点をさらに掘り下げ、お客様が持っているであろうネガティブ感情に共感し、その問題に関するストーリーをできるだけ詳細に描写します。

ダイエットに悩んでいる方へパーソナルトレーニングを紹介するなら、

- **「集合写真を見るたびにため息が出てしまう。いろいろなダイエット方法はすでに試してきた。16時間ダイエットも、ファスティングも、糖質カッ**

トも、何を試してもー時はやせてもまた元に戻ってしまう……」

・「ジムに入会しても3日坊主で行かなくなる。どれだけ無駄な年会費を払ってきたか。飲酒はよくない、外食はよくない。よくわかっているけれど、お付き合いの関係でやめることはできない。かといって、年齢とともに代謝が落ちて太り続けてしまうから、どんどん醜くなってまわりの人から嫌われてしまったらどうしよう」

・「ダイエットに失敗し続けると、そんなふうに自己嫌悪に陥ってしまいますよね」

こんなふうに書くことでお客様は、「この人は自分の悩みを理解してくれている」「この人も自分と同じ悩みを持っている」と、こちらに親近感を持ってくれるようになります。この親近感が「この人（会社）から買いたい」という信頼感の土台になっていきます。

私が勧める「思いやりライティング」では、このステップをとくに重視しています。

いくら問題提起ができても、このステップを飛ばして「売ろう（＝商品紹介）」へと先走ってしまうと、お客様は「結局、売りたいだけか」「よくある広告だよね」と思って、読むのをやめてしまいかねません。

商品を売るのではなく、「問題を解消して差し上げたい」という思いを伝えるには、共感による親近感を覚えてもらうプロセスが不可欠なのです。

STEP 3　Solution（解決策の提示）

「その悩みを一気に解決できる商品がございます」

「実は、お客様の悩みや問題を解決するのに有効な商品（サービス）があるんです」という形で、解決へのアプローチ法を紹介します。

ダイエットに悩んでいる方へパーソナルトレーニングを紹介するなら、

・「そこで、食べても着実にやせられる、50代でボディメイク大会優勝実績を持つ現役トレーナーのパーソナルトレーニングをご紹介します」
・「運動に加えて、何を食べればいいのか、何を食べてはだめなのかシンプルな食事の取り方を指導するので、お腹いっぱい食べても毎日飲酒していても、無理なくサイズダウンできます」

（ベネフィット＝得られる価値）
・「我慢しなくていいので苦しい思いをしません」
・「1か月1キロペースでスイスイやせていきます」
・「体重が落ちるよりも前に『やせた？』と言われる回数が増えます」
・「体脂肪もめきめき落ちるので、ワンサイズ小さめの服をカッコよく着こなせます」
・「リバウンドの恐怖に襲われることなく、自信を持って毎日を過ごせます」

（エビデンス＝根拠）

・「指導するのは中高年のダイエットを20年間で90％以上成功させてきた方です」

・「2023年アメリカのカリフォルニアで開かれたボディメイク大会で優勝実績を持つ50代の熟練トレーナーが担当します」

・「すでに受講された方の感想をご紹介します」

ここでは、「その解決策だと、なぜ問題を解消できるのか」「どんなプラス効果があるのか」といった、お客様のベネフィット（得られる価値）を詳しく描写することが大事になります。項目を5つくらい書き出すといいでしょう。

私はセールスレターを書くときは、ここから着手してお客様が得られるポジティブな気分を想像してテンションを上げるようにしています。

さらに「本当にそんな効果があるの？」「マユツバじゃない？」というお客様の不安や懸念を払拭するために、その有効性を裏づけるエビデンス（根拠）も提示しておきましょう。

STEP 4

Offer（提案）

「この商品の具体的な内容と、購入条件はこちらです」

ダイエットに悩んでいる方にパーソナルトレーニングを紹介するなら、

- 「パーソナルトレーニングでは、1日1時間の対面レッスンを受けていただくだけで、今の身体に合わせて無理なく効果が出る運動方法をお教えします」
- 「近所のジムでもできるような筋トレ方法をお伝えしますので再現性があり、自分でも続けることができるようになっています」
- 「メッセージで食事指導もしていますので、停滞期やメニューの選択に困ったとき、ダイエットの疑問が湧いたときはいつでも相談して解消できます」
- 「レッスン費用は1回7000円ですが、ペアで受けるとおひとり様あたり5000円でご利用いただけます」

また、ここでは「割引」や「購入特典」「返金保証」といった「お客様にとって魅力となる価値」も提示します。例えば、

- 「通常価格◯◯◯◯円のところ、初回購入時に限り50％オフ！」
- 「迷っている方のために無料お試し体験をご用意！」
- 「◯◯◯◯円の通常コースに加えて、格安なシンプルコースも！」
- 「商品到着日から30日以内であれば、開封後でも全額返金保証！」

こうした価値を提案（Offer）して購入を迷うお客様のハードルを下げることで、購買意欲をかき立て、「買ってみよう」と背中を押すことができます。

STEP 5 Narrow（絞り込み）

「販売期間は1か月。この期間内にお申し込みの先着100名様のみご購入できます」

数量限定の商品だから、売り切れる前に早く買わなきゃ――。こんな気持ちになって買い物をした経験はありませんか。

私たちは「限定」とか「締め切り」といった言葉に弱いもの。逆に言えば「いつでも買う機会があるものは、先延ばししてもOK」と考えるのです。なので、

- **「売り切れちゃう」**
- **「締め切られちゃう」**
- **「買う資格がなくなっちゃう」**

人はこうした状況に置かれると、「買う機会」を失いたくなくて「すぐに買おう」と行動を起こしやすくなるのです。この心理行動を利用してお客様を購買行動へと誘導するのが、この「Narrow＝買える条件を絞り込む」ステップです。

具体的な方法としては、セールスレターに締め切りや限定条件などを明記し、

「今すぐ買うべき理由」をアピールします。

絞り込みの限定条件にはいくつかのパターンがあります。例えば、

- **数量の限定――ex.「限定○個」「在庫が残りわずか」**
- **人数の限定――ex.「先着○名様」**
- **期間の限定――ex.「○時までのタイムセール」「月末で締め切り」「本日だけ特典あり」**
- **資格の限定――ex.「このサイトで申し込んだ人」「○歳以上」「本気で○○したい人」**

また、「ほかの人もみんな買っているから急いで」というニュアンスを表記するのも、購入を急がせる手法のひとつです。ホテルやレストランなどの予約サイトではよく、

- **「現在、○名の人がこのサイトを見ています」**

・「本日、○人の方がこのサイトで予約されています」

といったメッセージが表示されますよね。これも「急いで予約しなきゃ、部屋（席）が埋まっちゃう」という焦燥感を駆り立てる絞り込みのテクニックなのですね。

ダイエットに悩んでいる方へパーソナルトレーニングを紹介するなら、

・「マンツーマンで丁寧に指導しているので、週に2枠まで受けつけています。先着順なので、ぜひお早めにお申し込みください」

という感じになります。

さらに、Ｎａｒｒｏｗのなかでもとくに「資格」を限定すると、「**この商品を本当に買ってほしい理想のお客様**」にアピールすることも可能になります。

場合によっては、あえて「この商品は、誰にでも役に立つわけではありません」といった強めの限定をかけるやり方もあります。

・「○○な方には、お役に立てません。○○な方には、おすすめしません。でも○○な方、○○な方、○○な方には、必ずお役に立てます」

ダイエットに悩んでいる方へパーソナルトレーニングを紹介するなら、

・「このトレーニングは、『1か月に1回までにしてください』とお願いしている食事を毎日とってしまうような、自制心のかけらのない方までやせることをお約束することはできません。ただし、これはちょっとずつ減らしていこう、これに変えていこうと、前向きに努力できる方ならウェルカムです。きっと成果を実感いただけるでしょう」

というくらいまで購入対象者を限定する表現を織り込むことで、商品ターゲットにぴったりマッチするお客様だけを絞り込むことができるのです。

私にも経験があります。かつて会計専門学校を立て直したとき、誰でもいいから受け入れたいところを、あえて「申し込み時には入学審査があります」と資格の限定をしました。

学校を存続させるには、「真面目に通って勉強したい人」に来てもらう必要があります。途中ですぐやめる人ばかりでは、すぐまた倒産危機に陥ってしまうからです。

そこで、本当はノドから手が出るほど売り上げがほしかったのですが、「目の前の危機が回避できれば誰でもいい」ではなく、学校にとって「理想のお客様」と出会うためにお客様に絞り込みをかけたのです。

結果的にその学校は学生の質を維持しながら復活することができました。資格の絞り込みが商品の評価を高めることにもなったわけです。

こうした人の心理行動を活用した購買意欲の駆り立ては、昔から行われている効果的なマーケティングやセールスライティングの〝王道手的手法〟ですが、実践する際には守るべきルールがあります。

それは「ウソをつかない」ということ。

・「経歴や実績を詐称する」
・「商品の効果を過大に表現する」
・「在庫が死ぬほど余っているのに、残りわずかと伝える」
・「大した販売実績がないのに『大人気商品』と言う」

こうした誠意を欠いたマーケティングを繰り返していると、すぐにお客様からの信用を失ってしまいます。

お客様は感情で動くもの。だからこそ、その感情に対しては常に誠実であること。これは「思いやり」以前の、人としてのモラルの問題なのです。

STEP 6

Action（行動）

「以下のフォームから、今すぐお申し込みください」

PASONAの法則の最終ステップとなる「Action」とは、セールスレターを読んで「よし、買おう」という気持ちになったお客様を、実際に「買う（申し込む、予約する）」行動へと誘導するためのアプローチになります。

例えば、

- 「下の『お申し込みボタン』を押して、すぐに資料請求してください！」
- 「こちらの申し込みフォームにご記入の上、今すぐご送信ください！」
- 「この2次元コードをスマホで読み取ってお申し込みください！」

シンプルで当たり前のステップに思えますが、ここでお客様が「予約の仕方がイマイチわかりにくい」「どうやって申し込めばいいの？」と感じて立ち止まると、せっかく「買おう」と盛り上がっていた購買意欲が一気にしぼんでしまう恐れもあるのです。

最後の最後に〝とどめ〟で背中を押すために、「買うためにしてほしい行動」をはっきりと具体的に明示して呼びかけましょう。

「最初のつかみ」と「最後のシメ」にこだわりを

ＰＡＳＯＮＡの法則は売れるセールスレターの最強のテンプレートですが、実際にはＰＡＳＯＮＡの前に、そのレターの導入部分が必要になります。

本題に入る前のリード的な導入もあれば、大きく目を引く見出しが導入の役割を果たすこともあります。

いずれにしても大事なのは、導入部分を読んでもらえなければ、その後ろにどれだけ素晴らしいコピーがあっても、読み手はそこまでたどり着いてくれないということです。

内装がどんなにオシャレで素敵なお店でも、入り口がゴミだらけで汚れていたら入ってみようと思わなくなりますよね。それと同じです。

神田先生にもよく言われました。「この見出しは何のためにあると思う？　次の文章を読みたいと思うかな」と。

本のタイトルや雑誌の大見出しは何のためにあるのか。それは本文を読ませるため。読んでみようと思わせて、本題に誘導するため。だから、セールスレターでも、まず導入となる最初の1行、最初の大見出しに気をつかうことが大事なんだ、と。

その教えを受けて、私はセールスレターを書くとき、導入部の大見出しやリードに、最初からPASONAの「S（solution　解決策）」を入れるという書き方をよくします。

その商品で何が解決できるのかという最大のポイントを、先に〝ちょっと出

し〟するのです。解決策を「つかみ」に使って、本題への興味を高めるということです。例えば、

・「たくさん食べてもやせられる方法」
・「中高年の失敗しないダイエット法とは？」

最近は見なくなりましたが週刊誌の中吊り広告も、記事の内容の〝キモ〟だけを見出しで並べて、読んだ人に「続きを読もう」と購入させるマーケティング手法です。『週刊〇〇』系の雑誌は、このちょっと出しがとても巧みでした。買うつもりがなくても、通勤電車で目に入ってつい買ってしまったという経験がある人も多いでしょう。最初に目に入る1行、見出し、タイトルの重要さがよくわかると思います。

それと同じで、セールスレターも導入や冒頭次第で「先を読みたくなるかどうか」が決まるのです。

また、冒頭の対極にある「**最後の1行**」も同じように大事です。

あらためて背中を押すように、

・**「ぜひ、この機会を逃さずご参加ください。ボディメイクを成功させたあなたが周囲から褒められて、うれしそうに私に報告してくれる日を今から楽しみにしています」**

というように、未来を想像できるような言葉で締めくくります。

これは**ピーク・エンドの法則**というものを使っています。

ピーク・エンドの法則とは、2002年にノーベル経済学賞を受賞した心理学者・行動経済学者のダニエル・カーネマン氏によって提唱されたもので、もっとも感情が動いたとき（ピーク）と一連の出来事が終わったとき（エンド）の記憶だけで、ある経験についての全体的な印象が決定されるという法則です。

わかりやすい例としては、ディズニーランドのアトラクションで2時間並んだとしても、そのアトラクションで**5分**楽しんだら「楽しかった」という良い思い出だけが記憶に残りますよね。

セールスレターも同じ。ただ売り込むだけでなく、最後に良い気持ちを持ってもらうことも「思いやり」です。

WEBサイトでも複数ページの記事の場合、ページ終わりに次ページの内容を見出しにした1文を載せるという手法がよく使われます。その1文が「**ここで終わりじゃないよ。次ページにはこんなことが書かれているから読んでね**」という誘導サインの役割を果たしているのです。

なかには猫の足跡などを使って、「次ページに続く」ことをビジュアルでイメージさせるようなやり方もあります。

最初のつかみと最後のシメが大事――これはセールスレターに限らず、仕事で使う資料やブログ、メルマガからラブレターまで、すべての文章に当てはまる法則です。

「読むのやめよう」と思わせず、「続きを読みたい」と思わせる。その目的意識を持って書くことも、思いやりライティングの極意のひとつです。

「PASONAの法則」によるセールスレター設計シート

商品名：中高年のためのダイエットプログラム

PASONA① Problem（問題点の明確化） **「あなたは今、こんなことに悩んでいませんか？」**	**「Before」のなかでもっとも重要なメッセージ** ・やせなきゃいけないと思っているのに、どうしても食べすぎてしまうと悩んでいませんか？
PASONA② Affinity（親近感） **「わかります。それってみんな不安になりますよね」**	**問題点をさらに掘り下げ、お客様が持っている「不」の気持ちに寄り添い共感し、できるだけその問題に関するストーリーを詳細に描写する** ・集合写真を見るたびにため息が出てしまう。いろいろなダイエット方法はすでに試してきた。16時間ダイエットも、ファスティングも、糖質カットも……。何を試しても一時はやせるがまた元に戻ってしまう。 ・ジムに入会しても３日坊主で行かなくなる。これまでどれだけ無駄な年会費を払ってきたことか……。 ・飲酒はよくない、外食はよくない。そのことはわかっているけれど、お付き合いの関係でやめることはできない。かといって、年齢とともに代謝が落ちて太り続けてしまうから、どんどん醜くなり周囲の人から嫌われてしまったらどうしよう。 ・ダイエットに失敗し続けると、そんなふうに自己嫌悪に陥ってしまいますよね。
PASONA③ Solution（解決策の提示） **「その悩みを一気に解決できる商品がございます」**	**なぜ、そのようなAfterを実現できるのかを解説する** ・「そこで、食べても着実にやせられる、50代でボディメイク大会優勝実績を持つ現役トレーナーのパーソナルトレーニングをご紹介します」 ・「運動に加えて、何を食べればいいのか、何を食べてはだめなのかというシンプルな食事の取り方を指導するので、お腹いっぱい食べても毎日お酒を飲んでも、無理なくサイズダウンできます」
After **ベネフィット** **（＝得られる価値）**	**「After」のなかから重要なメッセージを抜き出し、得られる価値を明確にする** ・「我慢しなくていいので苦しい思いをしません」 ・「１か月１キロペースでスイスイやせていきます」 ・「体重が落ちるよりも前に『やせた？』と言われる回数が増えます」 ・「体脂肪もめきめき落ちるので、ワンサイズ小さめの服をカッコよく着こなせます」 ・「リバウンドの恐怖に襲われることなく、自信を持って毎日を過ごせます」
After **エビデンス（＝根拠）**	**そのような解決策を提示すると、本当にそれは事実なのかという疑問が生じるため、それが本当であるということをお客様の声、マスコミ掲載実績、表彰歴などで証明する**

After エビデンス(＝根拠)	・「指導するのは中高年のダイエットを20年間で90％以上成功させてきた方です」 ・「2023年アメリカのカリフォルニアで開かれたボディメイク大会で優勝実績を持つ50代の熟練トレーナーが担当します」 ・「すでに受講された方の感想をご紹介します」
PASONA④ Offer(提案) 「この商品の具体的な内容と購入条件はこちらです」	**Afterのようになるためには、今後、具体的にどうしたらいいのかを提案する。商品サービスの内容詳細を書く** ・「パーソナルトレーニングでは、1日1時間の対面レッスンを受けていただくだけで、今の身体に合わせて無理なく効果が出る運動方法をお教えします」 ・「近所のジムでもできるような筋トレ方法をお伝えしますので再現性があり、自分でも続けることができるようになっています」 ・「メッセージで食事指導もしていますので、停滞期やメニューの選択に困ったとき、ダイエットの疑問が湧いたときはいつでも相談して解消できます」
販売条件	**特別料金・支払い方法・返金保証などを説明する** ・「レッスン費用は1回1時間7000円です」
特典 「割引」や「購入特典」「返金保証」といった「お客様にとって魅力となる価値」を提示	**申し込みをされた方に対して、特別なプレゼントを提供する** ・「ペアで受講すると、2000円割引の5000円でご利用いただけます」 ・「LINEで随時食事指導のご相談も承ります」
PASONA⑤ Narrow(絞り込み) 「先着100名様のみ購入できます」	**「締め切り」と「限定」を入れて今すぐ買うべき理由を伝える。この商品を本当に買ってほしい理想のお客様にアピールする** ・「マンツーマンで丁寧に指導しているので、週に2枠限定で受け付けています」 ・「このトレーニングは、『1か月に1回までにしてください』とお願いしている食事を毎日とってしまうような、自制心のかけらのない方までやせることをお約束することはできません。ただし、『これはちょっとずつ減らしていこう。これに変えていこう』と、前向きに努力できる方ならウェルカムです。きっと成果を実感いただけるでしょう」
PASONA⑥ Action(行動) 「今すぐお申し込みください」	**今すぐお客様に買うためにしてほしい行動を呼びかける** ・「先着順なので、今すぐ下記の申し込みフォームからお申し込みください」
締めくくり	**最後のシメは記憶に残るので、良い気分になってもらえるような締めくくりにする** ・「ぜひ、この機会を逃さずご参加ください。ボディメイクを成功させたあなた様が周囲から褒められて、うれしそうに私に報告してくれる日を今から楽しみにしています」

「PASONAの法則」を活用した思いやりセールスレターの設計図です。
大前提としてお客様の気持ちに寄り添う「思いやり」が大切です。
悩んでいる方をどうしたら幸せにできるのか？
Before → Afterのイメージを明確にしてから言葉にしていきましょう。
その一例を参考までに掲載させていただきます。

ダイエットに悩んでいる方へ「中高年のためのダイエットプログラム」を紹介する事例

Before	After
「不」の気分を感じている方に対し（不満、不安、不足、不便、不快、不都合など）	どうやって解消すれば良い気分になり幸せになってもらえるのか？

① 映像でイメージする

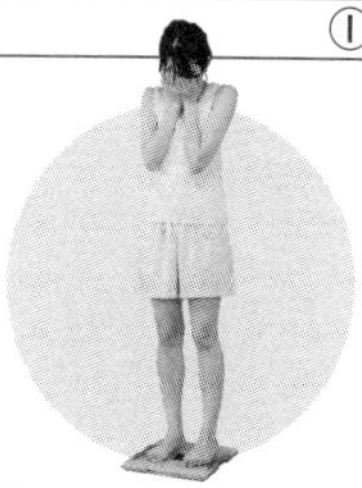

→ 思いやりを向ける

② 文字で書き出してみる

Before

・何をしてもやせなくてあせる
・どんどん太ってしまって、つらい
・お酒が楽しみなのに、やめろと言われて悲しい
・食べすぎていつも自分を責めてしまうので食事が楽しくない
・同じ量を食べても太っていく。先のことを考えると怖い
・何をしてもやせなくて絶望的
・健康を害して、大きな病気になったらどうしよう
・太ったことを人から笑われてとても悲しい
・お金をかけてサプリやエステを試してもやせずに損してしまうのが恐ろしい

→ 思いやりを向ける

After

・どんどんやせて自信が持てるようになり、毎日鏡を見るのが楽しい
・キレイになった、カッコよくなったと褒められてうれしい
・生活習慣病が改善されて安心している
・以前の服が着られるようになって、ほっとした
・リバウンドせず、すぐに体重が減るから安心感がある
・コスパ良くダイエットできるので節約ができてうれしい
・写真を見ても自分の良い変化に気づいてウキウキする

おわりに

心からの感謝を込めて。
本書を手に取っていただき、そして最後まで読んでいただき、誠にありがとうございました。

『思いやりマーケティング』というタイトルを見て、「なんだかピンとこない」、そう思われた方もいらっしゃるかもしれません。ビジネス書ですので、本来ならもっと押し出しの強いタイトルにすべきところですが、株式会社ワニ・プラスの佐藤寿彦社長にご理解くださり、思い入れのあるタイトルで進めさせていただいたことには感謝しかございません。

私自身、決して〝成功者〟と呼べるような人間ではありません。
プライベートでも、ビジネスでも、本書では書ききれないぐらいの失敗を繰り返してきました。

そんなポンコツな私が今日まで11年も会社経営を続けられたのは、20代のときに運よく出会えたマーケティングのおかげだと強く思います。そして、このスキルを使えばどんな方でも「売り上げを上げる」「集客ができる」といった結果を出すことが可能です。

ただし、その成果が継続する保証はありません。

人の気持ちを軽視したマーケティング手法にいつか破綻が来ることは、お金に目がくらんださまざまな企業の引き起こした不祥事によって、明らかに示されているのではないでしょうか。

『1兆ドルコーチ――シリコンバレーのレジェンド ビル・キャンベルの成功の教え』という本があります。世界21か国で刊行され、日本でも17万部を超えるベストセラーになりました。

Apple創業者のスティーブ・ジョブズ、Google元会長のエリック・シュミット、Google創業者のラリー・ペイジ、Apple CEOティム・

クック、YouTube 元CEO スーザン・ウォシッキー、Amazon 創業者 ジェフ・ベゾス、Facebook 元COO シェリル・サンドバーグ

このような錚々たるシリコンバレーの成功者たちに絶大な影響を与えた伝説のコーチ、ビル・キャンベル氏の「成功の教え」を記した本です。
『1兆ドルコーチ』というタイトルは、シリコンバレーで彼が生み出した価値に敬意を表してつけられたもの。日本円に換算すると148兆円ぐらいでしょうか。

私はこの本を、会社の経営が大変で、もっともつらく落ち込んでいたお正月休みに読みました。

誰に対しても誠実であることを信条に取るべき行動を取った結果、長年信じていた方から手のひらを返したような裏切りに遭い、事実とはかけ離れた数々の噂によるバッシングを受けて、もはや生きる気力すら失っていたときでした。

そんなときに人から勧められて何気なく手に取った本でしたが……。

・「ビジネスの世界では思いやりが成功のカギ」、どんな人にも尊敬と敬意を持って接しなさい
・愛情や思いやり、気遣い、やさしさで、まるごとの人間として、一人ひとりをひたむきに心から大切にしなさい
・仕事に愛を持ち込んでいいんだよ
・思いやりと慈しみの慈愛に満ちた会社はチームワークが強くなり、成績も良くなる

当時の私は、このレジェンドの言葉一つひとつに「大丈夫、間違ってないよ。そのまま進みなさい」と背中を押してもらっているようで、読んでいて涙が止まらなくなったのです。

ビル・キャンベル氏は「人を大切にするには、人に関心を持たなくてはならない」と言っています。

自分のことすら大切にできないときもあるのに、他人に関心を持ち、大切に思いやるのは、もはや「愛」としか言いようがありません。

私の「思いやりマーケティング」の根本にあるのは「愛」です。

お金儲けとは真逆の概念に感じられる人もいるかもしれませんが、すべての根本だと確信しています。

何かの原因で、「不」の気持ちを抱えているお客様の悩みを解消して、良い気持ちにして差し上げ、幸せにするビジネスは、もはや救済です。

そんなビジネスが流行らないわけがありません。

もし今、あなたが絶望的な状況で、生きる気力すらなくしていたとしても、あなたの思いやりを世界に向けて、救済者として立ち上がってほしいのです。人を救済するビジネスは、お客様の喜びの対価として必ずお金が入ってきます。

だから、どうか「愛」を捨てないでください。

乳飲み子を抱えて明日食べるものにも困り、震えていた過去の私にいちばんかけてあげたかった言葉を本書の「おわりに」に書かせていただきました。

「思いやり」というピンとこない言葉にこだわり続ける私に理解を示してくれ、出版まで漕ぎ着けてくださった敏腕出版プロデューサーであり、大恩ある平田静子先生。
偶然のご縁が重なり、二つ返事で本書の出版を決めてくださった佐藤社長。手厚いフォローを重ねてくださった編集担当の宮﨑洋一さん、柳沢敬法さん。何より弊社のセミナーを長年ご愛顧くださっているお客様の方々。ずっとずっと信じてご一緒してくださり、本当にありがとうございます。

そして、私に生きる意味を与えてくれた最愛の息子に感謝を。
泣きたい夜も、あなたがただ存在してくれるだけで世界の優しさを信じることができました。
生まれてきてくれて本当にありがとう。

この本を読んだすべての方が思いやりと笑顔にあふれることを願って。

令和5年10月吉日　久保田優子

久保田優子（くぼた・ゆうこ）

株式会社やまと代表取締役

1976年、大阪府堺市生まれ。明治大学短期大学経済科卒業。警察官の祖父から受け継いだ公平性、祖母から受け継いだ堺商人の血を発揮した喜ばれる企画力を兼ね備える。会計専門学校に就職後、オーナーが抱えていた2000万円以上の借金により倒産の危機を経験するも、わずか1年で月商2000万円へと経営を立て直す。独立後、神田昌典氏のアルマック（現アルマ・クリエイション）のマーケティング業務に従事。神田氏より直々にコピーライティングを学び、3年間、速読事業のマーケティング担当を実施。マーケティング責任者として、ゼロから事業を立ち上げ1年で年商3億円を突破させるなど、マーケティング・プロセスをつくり上げることに手腕を発揮。顧客分析から売れる商品の企画立案、スムーズに集客するまでの導線フロー作成はもちろん、顧客一人ひとりに寄り添った対応を通じてフォローも万全に行うとともに、継続して興味を持たれ続けるイベント、セミナー、講演会の企画運営を実施している。

株式会社やまと HP：https://yamato-corp.co.jp/

「売り込まなくても
自然に売れる仕組み」をつくる

思いやり
マーケティング®

著　者　**久保田優子**
発行日　2023年11月10日　初版発行

発行者　佐藤俊彦
発行所　株式会社ワニ・プラス
〒150-8482
東京都渋谷区恵比寿4-4-9　えびす大黒ビル7F
発売元　株式会社ワニブックス
〒150-8482
東京都渋谷区恵比寿4-4-9　えびす大黒ビル

装丁　堀 競（堀図案室）
編集協力　柳沢敬法
DTP　小田光美
出版プロデュース　平田静子（ヒラタワークス）
印刷・製本所　中央精版印刷株式会社

■お問い合わせはメールで受け付けております。
HP から「お問い合わせ」へお進みください。
※内容によりましてはお答えできない場合がございます。

 ISBN 978-4-8470-7309-0
ワニブックスHP　https://www.wani.co.jp

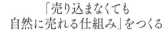